Chantal
Elizabet

CW00949822

Maxiscores

Le Livre de Poche

© Librairie Générale Française, 2007, Paris.
ISBN : 978-2-253-08417-4 – 1re publication LGF

Sommaire

Introduction

Cet ouvrage a pour objectif de permettre à tous les passionnés de jeux de lettres et les cruciverbistes de pouvoir exercer leur talent d'assemblage de lettres et de croisement de mots afin d'obtenir un score optimum. Les réactions enthousiastes des lecteurs des revues dans lesquelles je fais paraître régulièrement des « Lettres-scores » (ou « Maxilettres ») nous ont incitées à concevoir cet ouvrage.

Qu'est-ce que le MAXISCORES ?

Un plateau (ou grille), des pions (7, 8 ou 9) tirés au sort sur lesquels figure une lettre de l'alphabet, chacune différente, avec une valeur attribuée à chacune : telle est la base de ce jeu.

Il s'agit pour vous de remplir les cases vierges de chaque grille avec les lettres du tirage au sort en réalisant le meilleur score possible selon la règle définie ci-dessous. Nous indiquons pour chaque grille un **score à battre** : il s'agit d'un score moyen que chacun doit pouvoir atteindre avec un peu d'entraînement.

Les règles :

• Vous n'utiliserez jamais dans une grille deux fois le même mot ni deux mots ayant la même racine (par exemple **DATE** et **DATEE**).

• Les verbes ne seront pas conjugués, à l'exception du participe présent.
• Les noms propres et mots étrangers ne sont pas admis, sauf ceux figurant dans le dictionnaire (comme par exemple SCORE).

Une fois la grille remplie, vous additionnerez uniquement les mots formés, horizontalement et verticalement (les lettres seules ne se rapportant pas à un mot ne seront pas comptées).

Voici un exemple de mots à partir d'un tirage de 7 lettres : **T P S I A R E**
Vous pouvez former les mots de 7 lettres suivants : **PIRATES, PARITÉS, PIASTRE, PARTIES, PATRIES,** etc. mais vous ne pourrez former : **RIPÂTES, PISTERA, ETRIPAS,** etc. (qui sont des verbes conjugués).

Vous trouverez dans le livre deux sortes de grilles : des petites d'abord, pour vous entraîner et vous familiariser avec le jeu, puis des plus grandes et plus difficiles.

Deux conseils :
• Commencez toujours la grille par le mot le plus long.
• Essayez de placer les lettres qui rapportent le plus dans les cases qui comptent pour deux mots (verticalement et horizontalement).

UN RAPPEL SUCCINCT DE LA RÈGLE FIGURE SUR CHAQUE PAGE POUR VOUS AIDER, ALORS BONNE CHANCE, AMUSEZ-VOUS BIEN ET BATTEZ-NOUS !

Chapitre 1

MAXISCORES

Petites grilles

Complétez ces grilles en utilisant une ou plusieurs fois toutes les lettres de leur tirage, les noms propres, les verbes conjugués et les participes passés n'étant pas autorisés. Faites le total de vos points obtenus horizontalement et verticalement avec les mots formés uniquement.

N° 1   Score à battre : 289 points

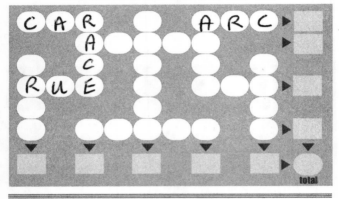

N° 2   Score à battre : 270 points

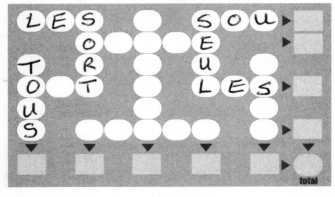

Complétez ces grilles en utilisant une ou plusieurs fois toutes les lettres de leur tirage, les noms propres, les verbes conjugués et les participes passés n'étant pas autorisés. Faites le total de vos points obtenus horizontalement et verticalement avec les mots formés uniquement.

N° 3 Score à battre : 283 points

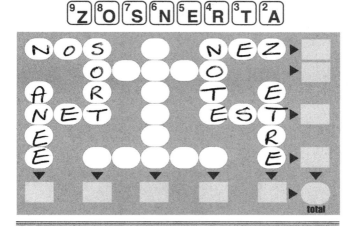

N° 4 Score à battre : 258 points

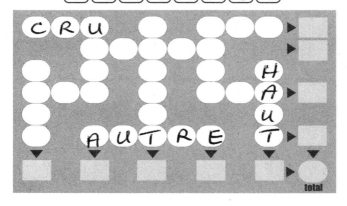

Complétez ces grilles en utilisant une ou plusieurs fois toutes les lettres de leur tirage, les noms propres, les verbes conjugués et les participes passés n'étant pas autorisés. Faites le total de vos points obtenus horizontalement et verticalement avec les mots formés uniquement.

N° 5   **Score à battre : 305 points**

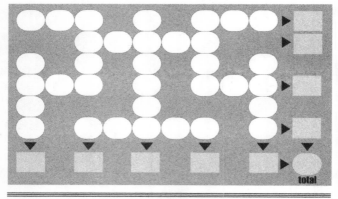

N° 6   **Score à battre : 231 points**

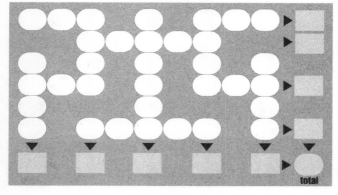

Complétez ces grilles en utilisant une ou plusieurs fois toutes les lettres de leur tirage, les noms propres, les verbes conjugués et les participes passés n'étant pas autorisés. Faites le total de vos points obtenus horizontalement et verticalement avec les mots formés uniquement.

N° 7   Score à battre : 281 points

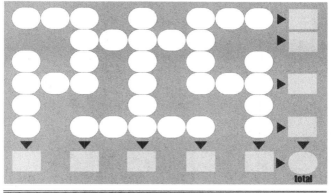

N° 8   Score à battre : 235 points

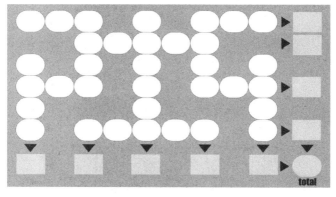

Complétez ces grilles en utilisant une ou plusieurs fois toutes les lettres de leur tirage, les noms propres, les verbes conjugués et les participes passés n'étant pas autorisés. Faites le total de vos points obtenus horizontalement et verticalement avec les mots formés uniquement.

N° 9   **Score à battre : 262 points**

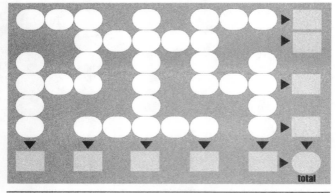

N° 10   **Score à battre : 255 points**

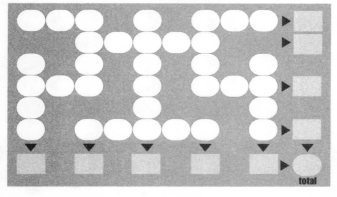

Complétez ces grilles en utilisant une ou plusieurs fois toutes les lettres de leur tirage, les noms propres, les verbes conjugués et les participes passés n'étant pas autorisés. Faites le total de vos points obtenus horizontalement et verticalement avec les mots formés uniquement.

N° 11   Score à battre : 235 points

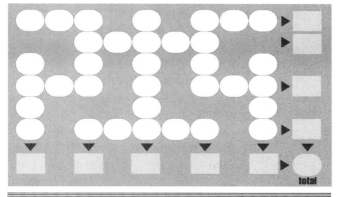

N° 12   Score à battre : 240 points

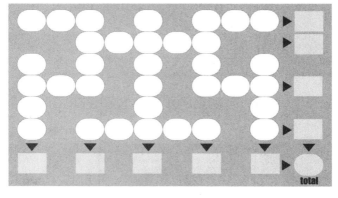

Complétez ces grilles en utilisant une ou plusieurs fois toutes les lettres de leur tirage, les noms propres, les verbes conjugués et les participes passés n'étant pas autorisés. Faites le total de vos points obtenus horizontalement et verticalement avec les mots formés uniquement.

N° 13   Score à battre : 291 points

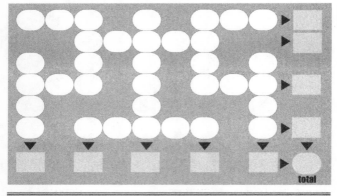

N° 14   Score à battre : 245 points

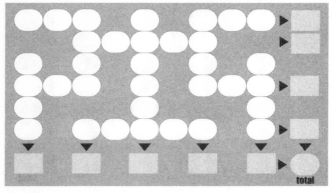

Complétez ces grilles en utilisant une ou plusieurs fois toutes les lettres de leur tirage, les noms propres, les verbes conjugués et les participes passés n'étant pas autorisés. Faites le total de vos points obtenus horizontalement et verticalement avec les mots formés uniquement.

N° 15 Score à battre : 297 points

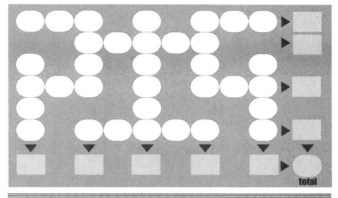

N° 16 Score à battre : 261 points

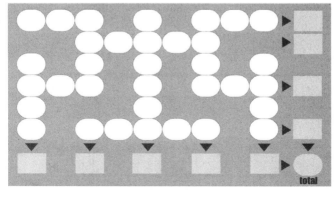

Complétez ces grilles en utilisant une ou plusieurs fois toutes les lettres de leur tirage, les noms propres, les verbes conjugués et les participes passés n'étant pas autorisés. Faites le total de vos points obtenus horizontalement et verticalement avec les mots formés uniquement.

N° 17   Score à battre : 300 points

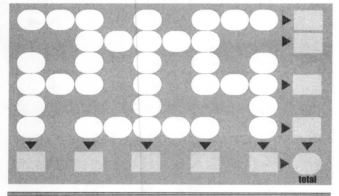

N° 18   Score à battre : 263 points

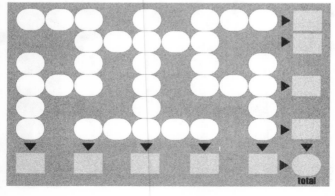

Complétez ces grilles en utilisant une ou plusieurs fois toutes les lettres de leur tirage, les noms propres, les verbes conjugués et les participes passés n'étant pas autorisés. Faites le total de vos points obtenus horizontalement et verticalement avec les mots formés uniquement.

N° 19 Score à battre : 255 points

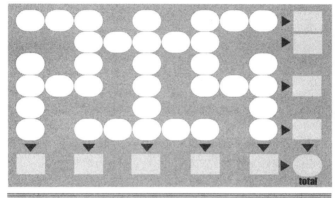

N° 20 Score à battre : 266 points

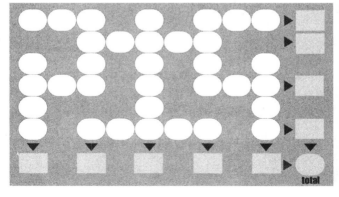

Complétez ces grilles en utilisant une ou plusieurs fois toutes les lettres de leur tirage, les noms propres, les verbes conjugués et les participes passés n'étant pas autorisés. Faites le total de vos points obtenus horizontalement et verticalement avec les mots formés uniquement.

N° 21   Score à battre : 257 points

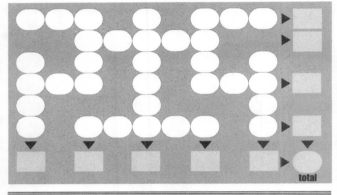

N° 22   Score à battre : 284 points

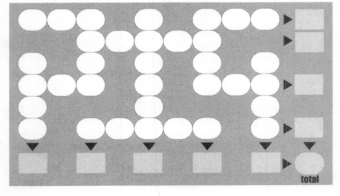

Complétez ces grilles en utilisant une ou plusieurs fois toutes les lettres de leur tirage, les noms propres, les verbes conjugués et les participes passés n'étant pas autorisés. Faites le total de vos points obtenus horizontalement et verticalement avec les mots formés uniquement.

N° 23 **Score à battre : 250 points**

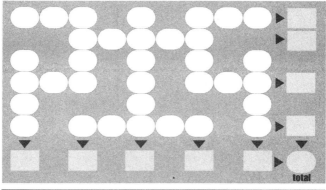

N° 24 **Score à battre : 264 points**

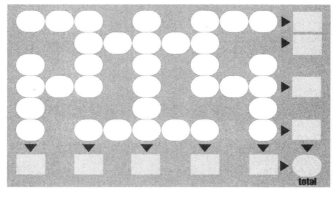

Complétez ces grilles en utilisant une ou plusieurs fois toutes les lettres de leur tirage, les noms propres, les verbes conjugués et les participes passés n'étant pas autorisés. Faites le total de vos points obtenus horizontalement et verticalement avec les mots formés uniquement.

N° 25   Score à battre : 254 points

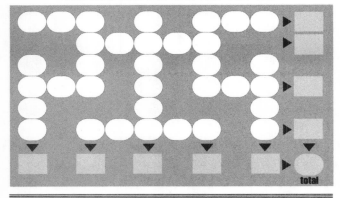

N° 26   Score à battre : 274 points

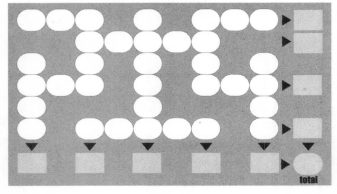

Complétez ces grilles en utilisant une ou plusieurs fois toutes les lettres de leur tirage, les noms propres, les verbes conjugués et les participes passés n'étant pas autorisés. Faites le total de vos points obtenus horizontalement et verticalement avec les mots formés uniquement.

N° 27   **Score à battre : 276 points**

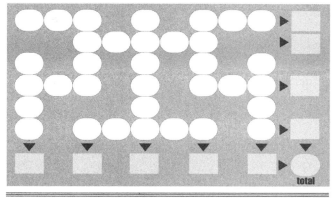

N° 28   **Score à battre : 258 points**

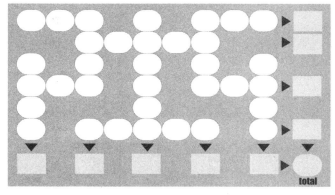

Complétez ces grilles en utilisant une ou plusieurs fois toutes les lettres de leur tirage, les noms propres, les verbes conjugués et les participes passés n'étant pas autorisés. Faites le total de vos points obtenus horizontalement et verticalement avec les mots formés uniquement.

N° 29   Score à battre : 266 points

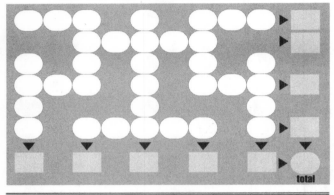

N° 30   Score à battre : 285 points

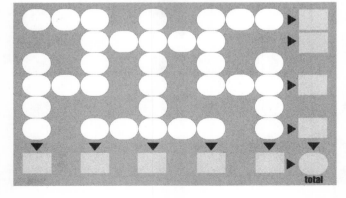

Complétez ces grilles en utilisant une ou plusieurs fois toutes les lettres de leur tirage, les noms propres, les verbes conjugués et les participes passés n'étant pas autorisés. Faites le total de vos points obtenus horizontalement et verticalement avec les mots formés uniquement.

N° 31   Score à battre : 267 points

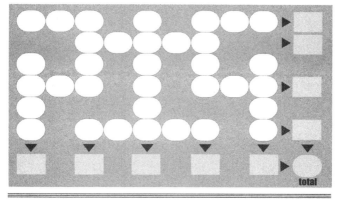

N° 32   Score à battre : 309 points

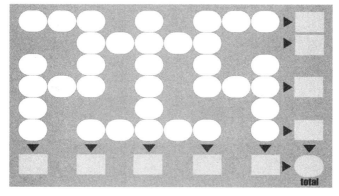

Complétez ces grilles en utilisant une ou plusieurs fois toutes les lettres de leur tirage, les noms propres, les verbes conjugués et les participes passés n'étant pas autorisés. Faites le total de vos points obtenus horizontalement et verticalement avec les mots formés uniquement.

N° 33 — Score à battre : 276 points

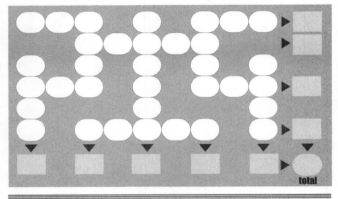

N° 34 — Score à battre : 278 points

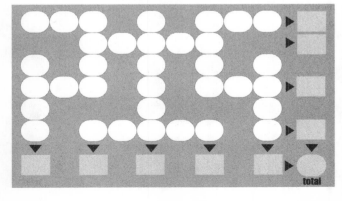

Complétez ces grilles en utilisant une ou plusieurs fois toutes les lettres de leur tirage, les noms propres, les verbes conjugués et les participes passés n'étant pas autorisés. Faites le total de vos points obtenus horizontalement et verticalement avec les mots formés uniquement.

N° 35 **Score à battre : 276 points**

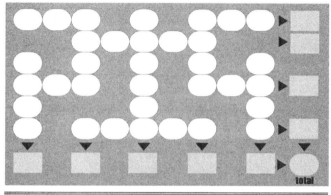

N° 36 **Score à battre : 277 points**

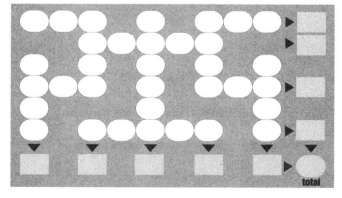

Complétez ces grilles en utilisant une ou plusieurs fois toutes les lettres de leur tirage, les noms propres, les verbes conjugués et les participes passés n'étant pas autorisés. Faites le total de vos points obtenus horizontalement et verticalement avec les mots formés uniquement.

N° 37   Score à battre : 287 points

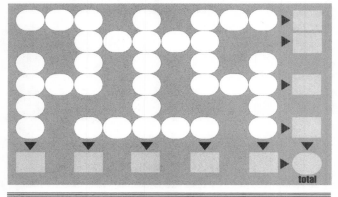

N° 38   Score à battre : 249 points

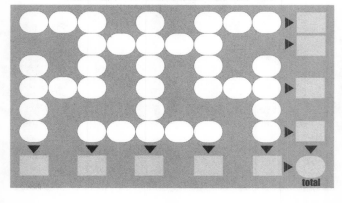

Complétez ces grilles en utilisant une ou plusieurs fois toutes les lettres de leur tirage, les noms propres, les verbes conjugués et les participes passés n'étant pas autorisés. Faites le total de vos points obtenus horizontalement et verticalement avec les mots formés uniquement.

N° 39 **Score à battre : 269 points**

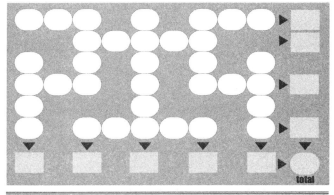

N° 40 **Score à battre : 299 points**

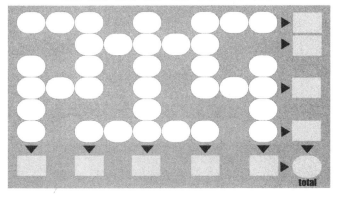

Complétez ces grilles en utilisant une ou plusieurs fois toutes les lettres de leur tirage, les noms propres, les verbes conjugués et les participes passés n'étant pas autorisés. Faites le total de vos points obtenus horizontalement et verticalement avec les mots formés uniquement.

N° 41   **Score à battre : 253 points**

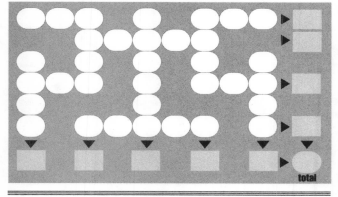

N° 42   **Score à battre : 317 points**

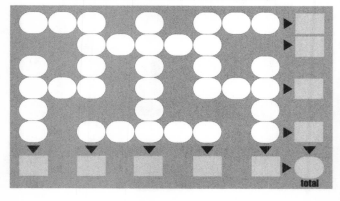

Complétez ces grilles en utilisant une ou plusieurs fois toutes les lettres de leur tirage, les noms propres, les verbes conjugués et les participes passés n'étant pas autorisés. Faites le total de vos points obtenus horizontalement et verticalement avec les mots formés uniquement.

N° 43   Score à battre : 244 points

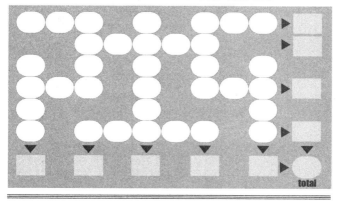

N° 44   Score à battre : 268 points

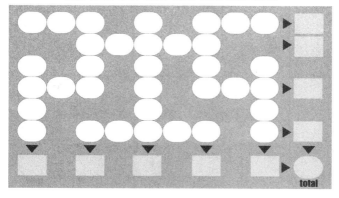

Complétez ces grilles en utilisant une ou plusieurs fois toutes les lettres de leur tirage, les noms propres, les verbes conjugués et les participes passés n'étant pas autorisés. Faites le total de vos points obtenus horizontalement et verticalement avec les mots formés uniquement.

N° 45   Score à battre : 287 points

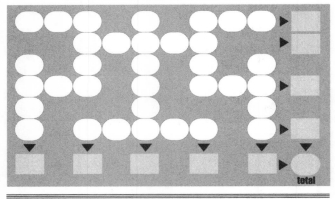

N° 46   Score à battre : 298 points

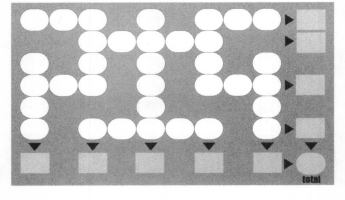

Complétez ces grilles en utilisant une ou plusieurs fois toutes les lettres de leur tirage, les noms propres, les verbes conjugués et les participes passés n'étant pas autorisés. Faites le total de vos points obtenus horizontalement et verticalement avec les mots formés uniquement.

N° 47   Score à battre : 266 points

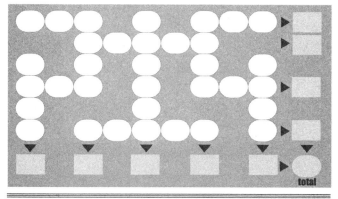

N° 48   Score à battre : 271 points

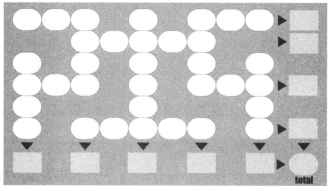

Complétez ces grilles en utilisant une ou plusieurs fois toutes les lettres de leur tirage, les noms propres, les verbes conjugués et les participes passés n'étant pas autorisés. Faites le total de vos points obtenus horizontalement et verticalement avec les mots formés uniquement.

N° 49   **Score à battre : 229 points**

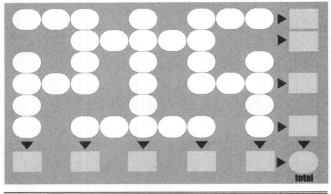

N° 50   **Score à battre : 310 points**

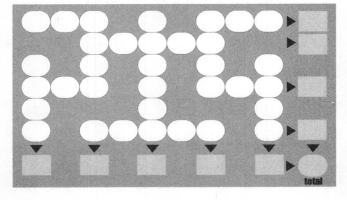

Complétez ces grilles en utilisant une ou plusieurs fois toutes les lettres de leur tirage, les noms propres, les verbes conjugués et les participes passés n'étant pas autorisés. Faites le total de vos points obtenus horizontalement et verticalement avec les mots formés uniquement.

N° 51   Score à battre : 283 points

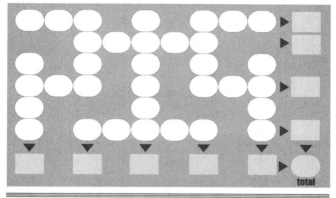

N° 52   Score à battre : 307 points

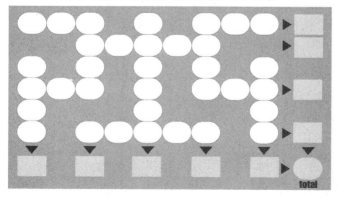

Complétez ces grilles en utilisant une ou plusieurs fois toutes les lettres de leur tirage, les noms propres, les verbes conjugués et les participes passés n'étant pas autorisés. Faites le total de vos points obtenus horizontalement et verticalement avec les mots formés uniquement.

N° 53   **Score à battre : 261 points**

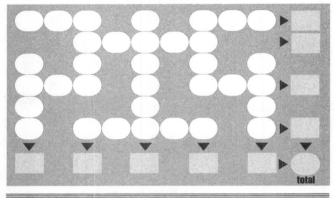

N° 54   **Score à battre : 315 points**

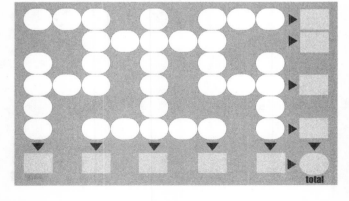

Complétez ces grilles en utilisant une ou plusieurs fois toutes les lettres de leur tirage, les noms propres, les verbes conjugués et les participes passés n'étant pas autorisés. Faites le total de vos points obtenus horizontalement et verticalement avec les mots formés uniquement.

N° 55   Score à battre : 289 points

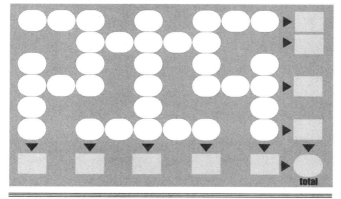

N° 56   Score à battre : 274 points

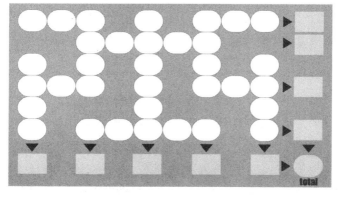

Complétez ces grilles en utilisant une ou plusieurs fois toutes les lettres de leur tirage, les noms propres, les verbes conjugués et les participes passés n'étant pas autorisés. Faites le total de vos points obtenus horizontalement et verticalement avec les mots formés uniquement.

N° 57   Score à battre : 308 points

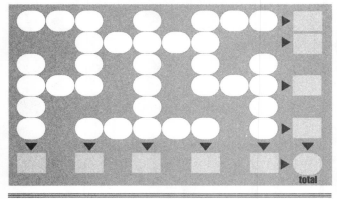

N° 58   Score à battre : 304 points

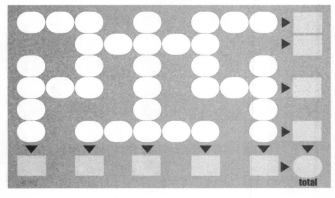

Complétez ces grilles en utilisant une ou plusieurs fois toutes les lettres de leur tirage, les noms propres, les verbes conjugués et les participes passés n'étant pas autorisés. Faites le total de vos points obtenus horizontalement et verticalement avec les mots formés uniquement.

N° 59   **Score à battre : 263 points**

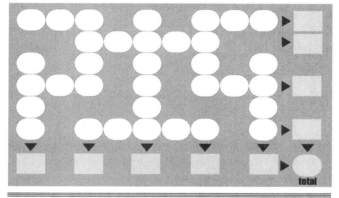

N° 60   **Score à battre : 292 points**

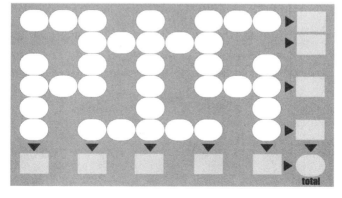

Complétez ces grilles en utilisant une ou plusieurs fois toutes les lettres de leur tirage, les noms propres, les verbes conjugués et les participes passés n'étant pas autorisés. Faites le total de vos points obtenus horizontalement et verticalement avec les mots formés uniquement.

N° 61   **Score à battre : 329 points**

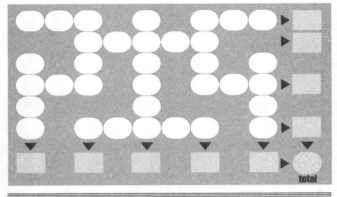

N° 62   **Score à battre : 303 points**

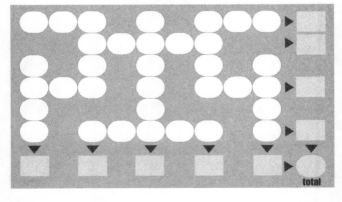

Complétez ces grilles en utilisant une ou plusieurs fois toutes les lettres de leur tirage, les noms propres, les verbes conjugués et les participes passés n'étant pas autorisés. Faites le total de vos points obtenus horizontalement et verticalement avec les mots formés uniquement.

N° 63 **Score à battre : 319 points**

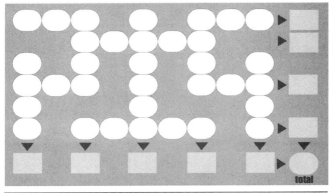

N° 64 **Score à battre : 318 points**

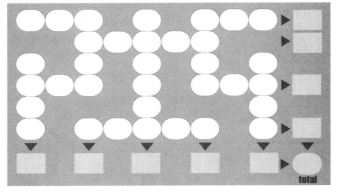

Complétez ces grilles en utilisant une ou plusieurs fois toutes les lettres de leur tirage, les noms propres, les verbes conjugués et les participes passés n'étant pas autorisés. Faites le total de vos points obtenus horizontalement et verticalement avec les mots formés uniquement.

N° 65   Score à battre : 288 points

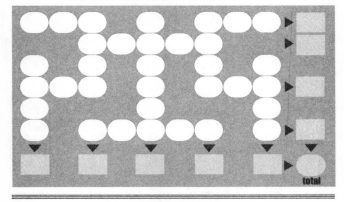

N° 66   Score à battre : 263 points

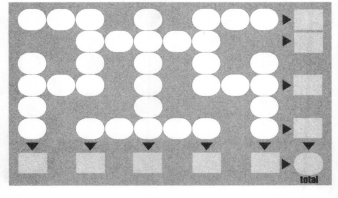

Complétez ces grilles en utilisant une ou plusieurs fois toutes les lettres de leur tirage, les noms propres, les verbes conjugués et les participes passés n'étant pas autorisés. Faites le total de vos points obtenus horizontalement et verticalement avec les mots formés uniquement.

N° 67 **Score à battre : 295 points**

N° 68 **Score à battre : 291 points**

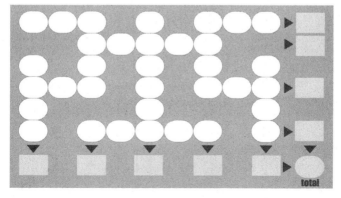

Complétez ces grilles en utilisant une ou plusieurs fois toutes les lettres de
leur tirage, les noms propres, les verbes conjugués et les participes passés
n'étant pas autorisés. Faites le total de vos points obtenus horizontalement
et verticalement avec les mots formés uniquement.

N° 69   Score à battre : 322 points

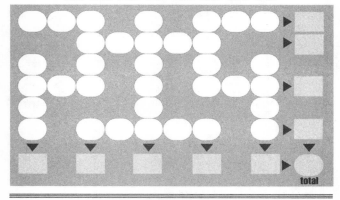

N° 70   Score à battre : 295 points

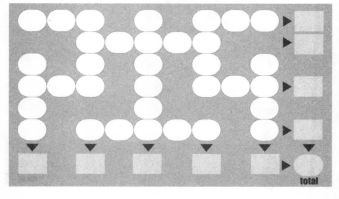

Complétez ces grilles en utilisant une ou plusieurs fois toutes les lettres de leur tirage, les noms propres, les verbes conjugués et les participes passés n'étant pas autorisés. Faites le total de vos points obtenus horizontalement et verticalement avec les mots formés uniquement.

N° 71   **Score à battre : 304 points**

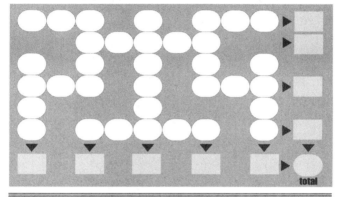

N° 72   **Score à battre : 330 points**

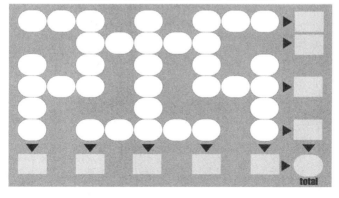

Complétez ces grilles en utilisant une ou plusieurs fois toutes les lettres de leur tirage, les noms propres, les verbes conjugués et les participes passés n'étant pas autorisés. Faites le total de vos points obtenus horizontalement et verticalement avec les mots formés uniquement.

N° 73   **Score à battre : 320 points**

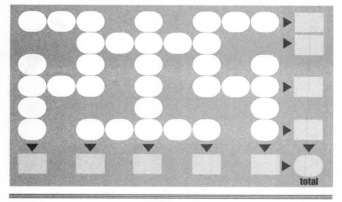

N° 74   **Score à battre : 301 points**

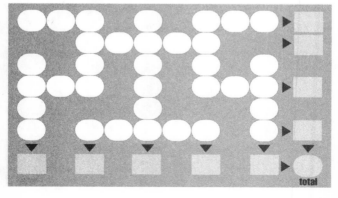

Complétez ces grilles en utilisant une ou plusieurs fois toutes les lettres de leur tirage, les noms propres, les verbes conjugués et les participes passés n'étant pas autorisés. Faites le total de vos points obtenus horizontalement et verticalement avec les mots formés uniquement.

N° 75   **Score à battre : 313 points**

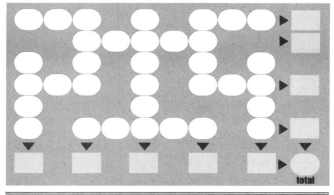

N° 76   **Score à battre : 275 points**

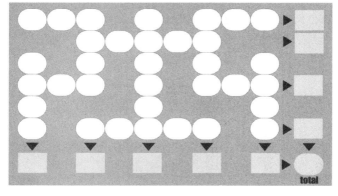

Complétez ces grilles en utilisant une ou plusieurs fois toutes les lettres de leur tirage, les noms propres, les verbes conjugués et les participes passés n'étant pas autorisés. Faites le total de vos points obtenus horizontalement et verticalement avec les mots formés uniquement.

N° 77   **Score à battre : 316 points**

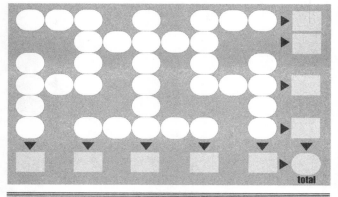

N° 78   **Score à battre : 298 points**

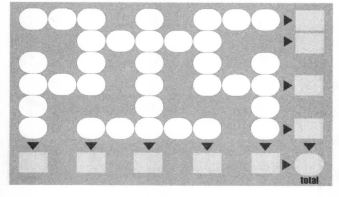

Complétez ces grilles en utilisant une ou plusieurs fois toutes les lettres de leur tirage, les noms propres, les verbes conjugués et les participes passés n'étant pas autorisés. Faites le total de vos points obtenus horizontalement et verticalement avec les mots formés uniquement.

N° 79 **Score à battre : 337 points**

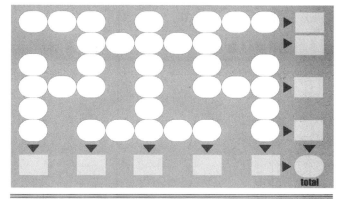

N° 80 **Score à battre : 306 points**

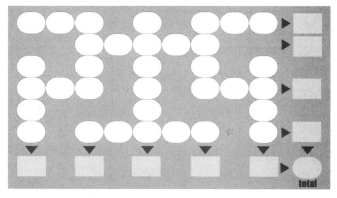

N° 1

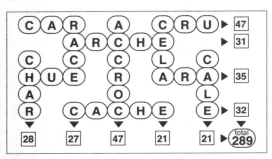

N° 2

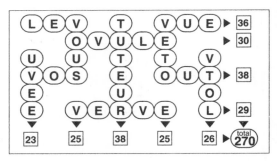

N° 3

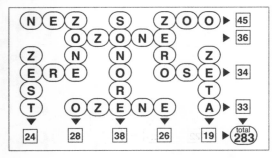

N° 4

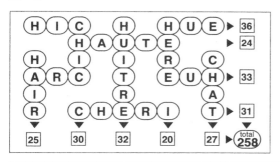

N° 5

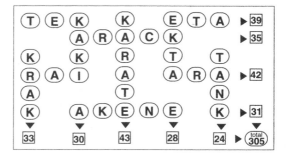

N° 6

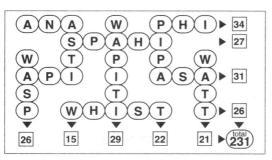

N° 7

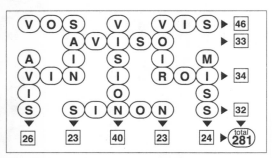

N° 8

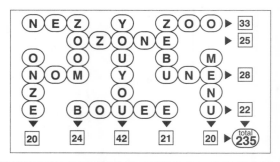

N° 9

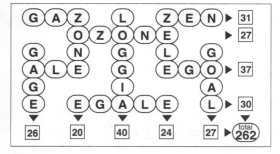

N° 10

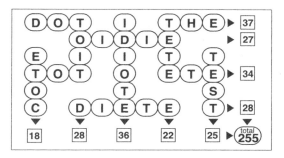

N° 11

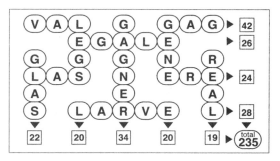

N° 12

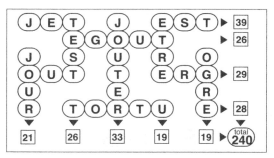

N° 13

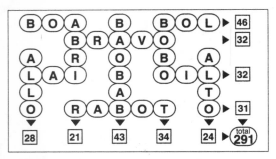

N° 14

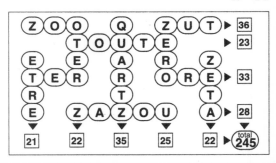

N° 15

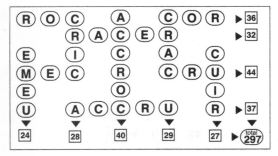

N° 16

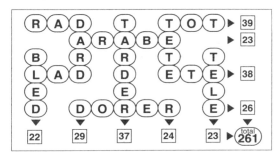

N° 17

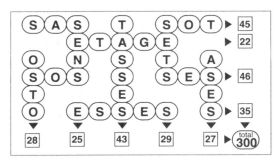

N° 18

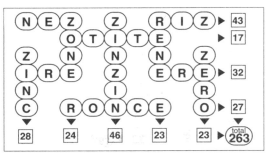

N° 19

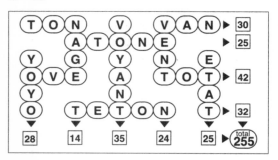

N° 20

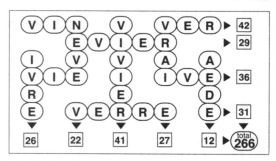

N° 21

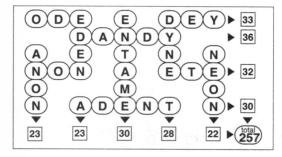

N° 22

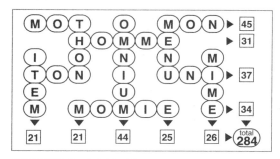

N° 23

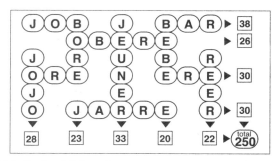

N° 24

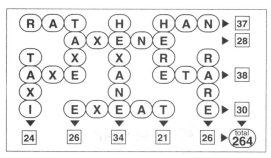

N° 25

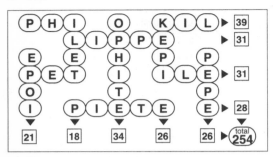

N° 26

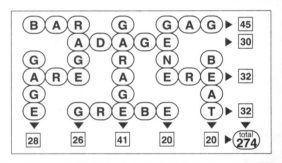

N° 27

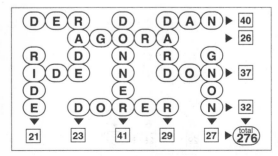

N° 28

Grille N° 28 :

```
(H)(E)(P)    (G)    (P)(O)(T) ▶ 38
     (A)(P)(H)(T)(E)        ▶ 29
(H)    (G)    (E)    (P)    (T)
(O)(H)(E)    (T)    (E)(G)(O) ▶ 33
(T)         (T)         (G)
(E)    (C)(H)(O)(P)(E)    (E) ▶ 26
26    19    42    20    25 ▶ (total 258)
```

N° 29

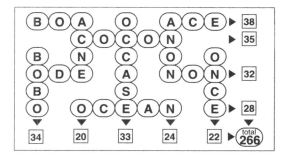

N° 30

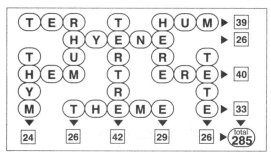

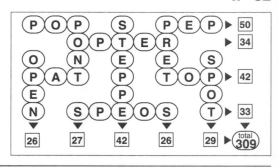
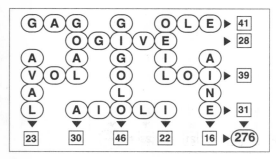

N° 31

```
 B  O  B      P      P  O  T   ►43
       O  B  O  L  E            ►27
 N     B      P      O      G
 E  G  O      P  O   N  O  N    N  ►30
 O            T               O
 N     P  O  E  T  E           N  ►32
 21    26    44    25    19  ►total 267
```

N° 32

N° 33

N° 34

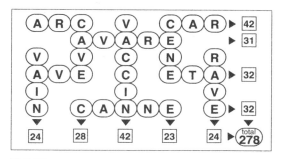

N° 35

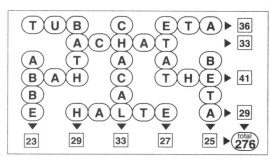

N° 36

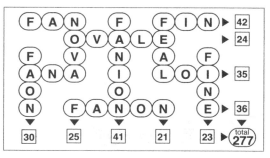

N° 37

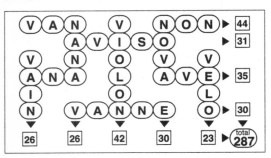

N° 38

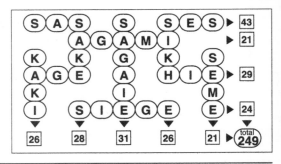

N° 39

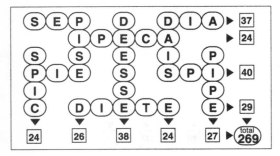

N° 40

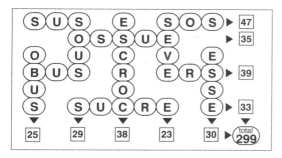

N° 41

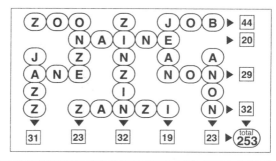

N° 42

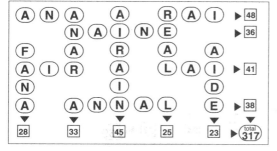

N° 43

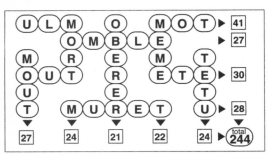

N° 44

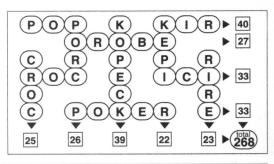

N° 45

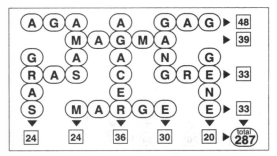

N° 46

Ⓐ Ⓝ Ⓐ Ⓡ Ⓐ Ⓡ Ⓔ ▶ 44
Ⓖ Ⓡ Ⓤ Ⓐ Ⓤ ▶ 29
Ⓖ Ⓗ Ⓔ Ⓡ Ⓐ
Ⓐ Ⓡ Ⓐ Ⓛ Ⓐ Ⓛ Ⓔ ▶ 47
Ⓖ Ⓛ Ⓡ
Ⓐ Ⓐ Ⓡ Ⓔ Ⓝ Ⓔ Ⓔ ▶ 31
▼ ▼ ▼ ▼ ▼
30 26 35 29 27 ▶ total 298

N° 47

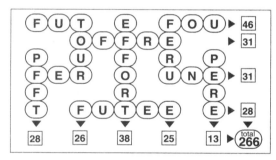

N° 48

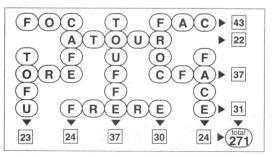

N° 49

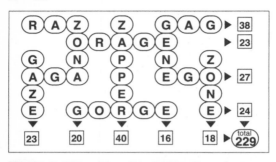

N° 50

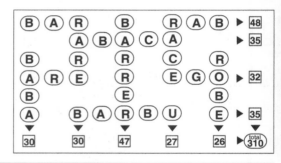

N° 51

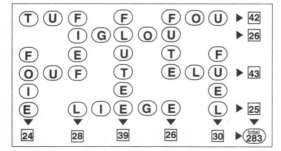

N° 52

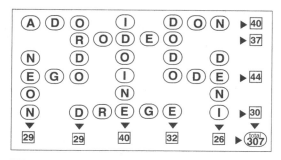

N° 53

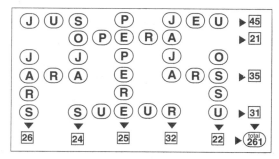

N° 54

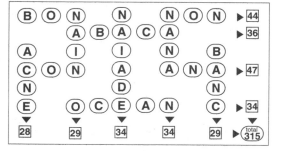

N° 55

I	X	E		E		D	I	X	▶ 42
		S	I	X	T	E			▶ 32
F		S		E		F		S	
I	D	E		D		I	R	E	▶ 35
X				R				X	
E		F	R	E	R	E		E	▶ 27
▼		▼		▼		▼		▼	
28		30		40		23		32	▶ total 289

N° 56

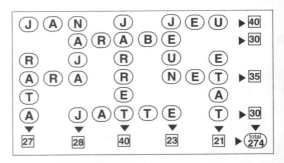

J	A	N		J		J	E	U	▶ 40
		A	R	A	B	E			▶ 30
R		J		R		U		E	
A	R	A		R		N	E	T	▶ 35
T				E				A	
A		J	A	T	T	E		T	▶ 30
▼		▼		▼		▼		▼	
27		28		40		23		21	▶ total 274

N° 57

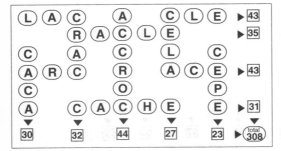

L	A	C		A		C	L	E	▶ 43
		R	A	C	L	E			▶ 35
C		A		C		L		C	
A	R	C		R		A	C	E	▶ 43
C				O				P	
A		C	A	C	H	E		E	▶ 31
▼		▼		▼		▼		▼	
30		32		44		27		23	▶ total 308

N° 58

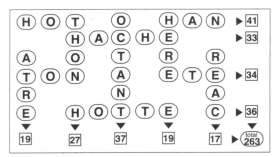

N° 59

N° 60

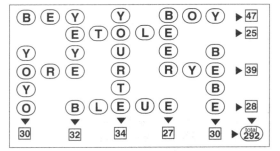

N° 61

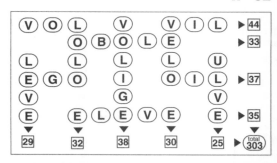

```
(B) (O)   (B)      (B) (I) (B)    ▶ 47
      (A)(B)(A)(C)(A)              ▶ 36
(A)      (B)   (O)      (T)      (B)
(B)(O)(A)   (B)      (E)(T)(A)    ▶ 43
(B)         (A)            (I)
(E)      (N)(A)(B)(A)(B)      (N)  ▶ 36
 ▼        ▼     ▼      ▼        ▼
 32       34    50     28       23   ▶ (total 329)
```

N° 62

```
(V) (O) (L)    (V)      (V) (I) (L)   ▶ 44
         (O)(B)(O)(L)(E)               ▶ 33
(L)      (L)      (L)      (L)      (U)
(E)(G)(O)      (I)      (O)(I)(L)      ▶ 37
(V)            (G)                  (V)
(E)      (E)(L)(E)(V)(E)      (E)      ▶ 35
 ▼        ▼     ▼      ▼        ▼
 29       32    38     30       25   ▶ (total 303)
```

N° 63

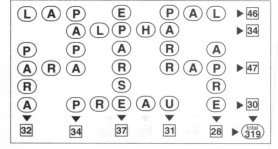

```
(L) (A) (P)    (E)      (P) (A) (L)   ▶ 46
         (A)(L)(P)(H)(A)               ▶ 34
(P)      (P)      (A)      (R)      (A)
(A)(R)(A)      (R)      (R)(A)(P)      ▶ 47
(R)            (S)                  (R)
(A)      (P)(R)(E)(A)(U)      (E)      ▶ 30
 ▼        ▼     ▼      ▼        ▼
 32       34    37     31       28   ▶ (total 319)
```

N° 64

(L) (E) (V)   (V)   (V) (I) (E) ▶ 42
     (E) (V) (I) (D) (E) ▶ 34
(I)   (R)   (V)   (R)   (V)
(V) (I) (S)   (I)   (T) (R) (I) ▶ 37
(R)   (E)   (V)
(E) (V) (E) (R) (V) (E)   (E) ▶ 41
▼ 30   ▼ 28   ▼ 45   ▼ 29   ▼ 32 ▶ total 318

N° 65

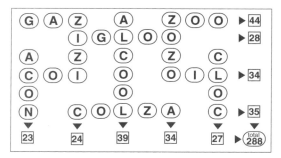

(G) (A) (Z)   (A)   (Z) (O) (O) ▶ 44
     (I) (G) (L) (O) (O) ▶ 28
(A)   (Z)   (C)   (Z)   (C)
(C) (O) (I)   (O)   (O) (I) (L) ▶ 34
(O)   (O)   (O)
(N)   (C) (O) (L) (Z) (A)   (C) ▶ 35
▼ 23   ▼ 24   ▼ 39   ▼ 34   ▼ 27 ▶ total 288

N° 66

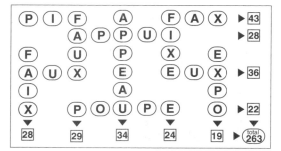

(P) (I) (F)   (A)   (F) (A) (X) ▶ 43
     (A) (P) (P) (U) (I) ▶ 28
(F)   (U)   (P)   (X)   (E)
(A) (U) (X)   (E)   (E) (U) (X) ▶ 36
(I)   (A)   (P)
(X)   (P) (O) (U) (P) (E)   (O) ▶ 22
▼ 28   ▼ 29   ▼ 34   ▼ 24   ▼ 19 ▶ total 263

N° 67

S	I	S		S		I	C	I	▶ 50
		I	D	I	O	T			▶ 31
S		D		L		O		S	
C	O	I		I		L	O	I	▶ 42
I				C				L	
E		D	I	E	S	E		O	▶ 25

26   30   40   23   28 ▶ total **295**

N° 68

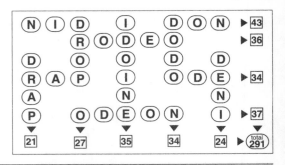

N	I	D		I		D	O	N	▶ 43
		R	O	D	E	O			▶ 36
D		O		O		D		D	
R	A	P		I		O	D	E	▶ 34
A				N				N	
P		O	D	E	O	N		I	▶ 37

21   27   35   34   24 ▶ total **291**

N° 69

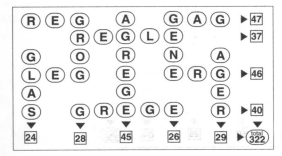

R	E	G		A		G	A	G	▶ 47
		R	E	G	L	E			▶ 37
G		O		R		N		A	
L	E	G		E		E	R	G	▶ 46
A				G				E	
S		G	R	E	G	E		R	▶ 40

24   28   45   26   29 ▶ total **322**

N° 70

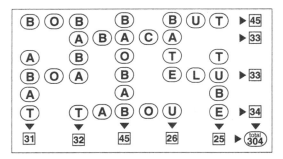

| | | | | | | |
|B|R|U| |B| |U|R|E| ▶ 46
| | |R|O|U|A| |N| | ▶ 26
|E| |D| |R| | |A| |B|
|D|R|U| |E| |U|N|E| ▶ 40
|E| | | |A| | | |U|
|N| |B|R|U|N|E| |R| ▶ 35
|21|29|42|26|30| ▶ total 295

N° 71

| | | | | | | | |
|B|O|B| |B| |B|U|T| ▶ 45
| | |A|B|A|C|A| | ▶ 33
|A| |B| |O| |T| |T|
|B|O|A| |B| |E|L|U| ▶ 33
|A| | |A| | |B|
|T| |T|A|B|O|U| |E| ▶ 34
|31|32|45|26|25| ▶ total 304

N° 72

| | | | | | | | |
|A|R|A| |A| |A|N|A| ▶ 50
| |C|A|N|E|R| | ▶ 31
|S| |R| |A| |I| |N|
|A|S|A| |N| |A|G|A| ▶ 47
|G| | |A| | |N|
|A| |N|A|S|S|E| |A| ▶ 34
|29|29|50|26|34| ▶ total 330

N° 73

```
(T) (O) (T)     (S)     (T) (E) (T)   ▶ 47
        (R) (O) (T) (O) (R)           ▶ 39
(T)     (O)     (A)     (O)     (A)
(R) (O) (T)     (T)     (P) (O) (T)   ▶ 45
(O)     (U)             (R)
(U)     (R) (A) (T) (T) (E)     (E)   ▶ 36
 26      33      38      29      27   ▶ total 320
```

N° 74

```
(N) (I) (D)     (A)     (A) (D) (A)   ▶ 41
        (O) (R) (D) (R) (E)           ▶ 33
(D)     (D)     (O)     (D)     (D)
(A) (D) (O)     (R)     (E) (R) (E)   ▶ 40
(D)             (E)             (N)
(A)     (D) (O) (R) (E) (R)     (T)   ▶ 33
 34      32      41      27      20   ▶ total 301
```

N° 75

```
(S) (U) (S)     (A)     (S) (A) (S)   ▶ 47
        (A) (U) (S) (S) (I)           ▶ 31
(E)     (N)     (S)     (T)     (S)
(S) (E) (S)     (E)     (E) (S) (T)   ▶ 50
(S)             (A)             (U)
(E)     (S) (A) (U) (C) (E)     (C)   ▶ 31
 34      27      42      26      25   ▶ total 313
```

N° 76

Ⓣ Ⓘ Ⓕ   Ⓕ   Ⓐ Ⓘ Ⓡ ▶ 32
    Ⓘ Ⓝ Ⓤ Ⓘ Ⓣ ▶ 28
Ⓔ   Ⓔ   Ⓡ   Ⓡ   Ⓕ
Ⓣ Ⓤ Ⓕ   Ⓔ   Ⓔ Ⓡ Ⓔ ▶ 40
Ⓤ   Ⓤ   Ⓡ
Ⓘ   Ⓕ Ⓤ Ⓡ Ⓔ Ⓣ   Ⓤ ▶ 34
▼   ▼   ▼   ▼   ▼
27   27   40   20   27 ▶ total 275

N° 77

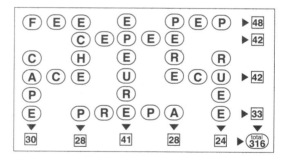

N° 78

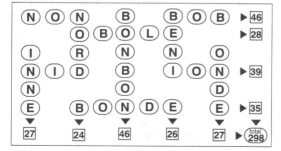

N° 79

```
(F)(E)(E)    (F)      (E)(B)(E)  ▶ 45
          (P)(L)(E)(U)(R)        ▶ 28
(E)    (E)    (R)      (R)    (T)
(T)(E)(E)    (L)      (E)(T)(E)  ▶ 50
(R)          (E)              (T)
(E)    (T)(E)(R)(R)(E)      (E)  ▶ 41
 ▼     ▼     ▼     ▼     ▼     ▼
33    32    42    34    32   ▶ total 337
```

N° 80

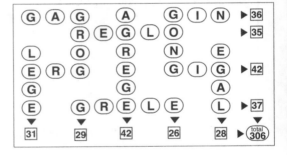

```
(G)(A)(G)    (A)      (G)(I)(N)  ▶ 36
          (R)(E)(G)(L)(O)        ▶ 35
(L)    (O)    (R)      (N)    (E)
(E)(R)(G)    (E)      (G)(I)(G)  ▶ 42
(G)          (G)              (A)
(E)    (G)(R)(E)(L)(E)      (L)  ▶ 37
 ▼     ▼     ▼     ▼     ▼     ▼
31    29    42    26    28   ▶ total 306
```

Chapitre 2

MAXISCORES

Grandes grilles

Complétez cette grille en utilisant une ou plusieurs fois toutes les lettres du tirage, les noms propres, les verbes conjugués et les participes passés n'étant pas autorisés. Faites le total de vos points obtenus horizontalement et verticalement avec les mots formés.

N° 81   Score à battre : 550 points

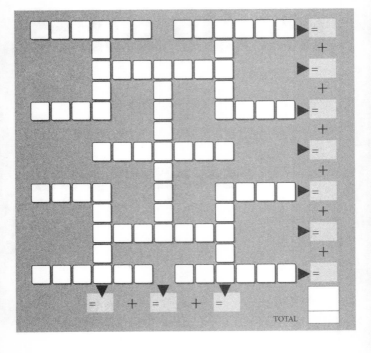

Complétez cette grille en utilisant une ou plusieurs fois toutes les lettres du tirage, les noms propres, les verbes conjugués et les participes passés n'étant pas autorisés. Faites le total de vos points obtenus horizontalement et verticalement avec les mots formés.

N° 82   Score à battre : 611 points

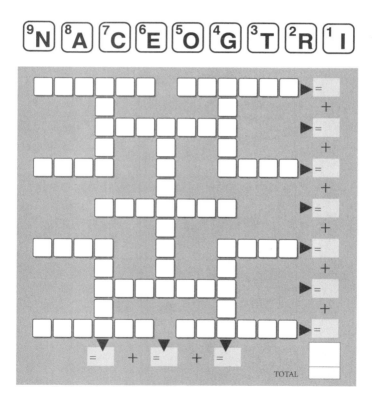

Complétez cette grille en utilisant une ou plusieurs fois toutes les lettres du tirage, les noms propres, les verbes conjugués et les participes passés n'étant pas autorisés. Faites le total de vos points obtenus horizontalement et verticalement avec les mots formés.

N° 83   Score à battre : 446 points

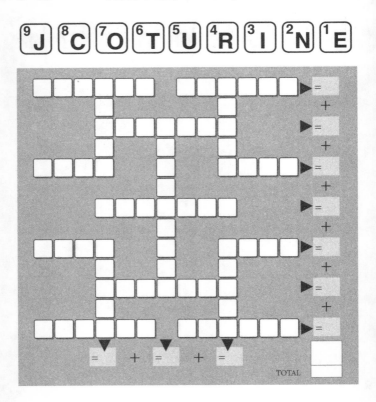

Complétez cette grille en utilisant une ou plusieurs fois toutes les lettres du tirage, les noms propres, les verbes conjugués et les participes passés n'étant pas autorisés. Faites le total de vos points obtenus horizontalement et verticalement avec les mots formés.

N° 84   Score à battre : 613 points

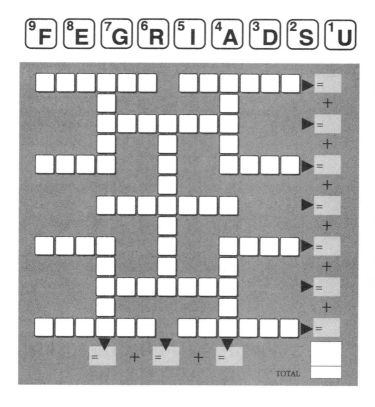

Complétez cette grille en utilisant une ou plusieurs fois toutes les lettres du tirage, les noms propres, les verbes conjugués et les participes passés n'étant pas autorisés. Faites le total de vos points obtenus horizontalement et verticalement avec les mots formés.

N° 85   Score à battre : 476 points

Complétez cette grille en utilisant une ou plusieurs fois toutes les lettres du tirage, les noms propres, les verbes conjugués et les participes passés n'étant pas autorisés. Faites le total de vos points obtenus horizontalement et verticalement avec les mots formés.

N° 86 Score à battre : 590 points

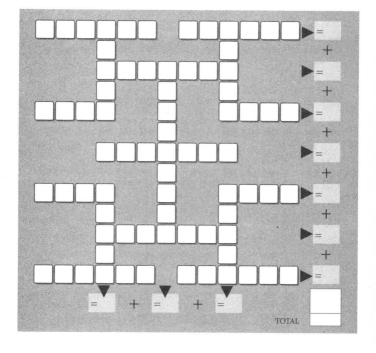

Complétez cette grille en utilisant une ou plusieurs fois toutes les lettres du tirage, les noms propres, les verbes conjugués et les participes passés n'étant pas autorisés. Faites le total de vos points obtenus horizontalement et verticalement avec les mots formés.

N° 87   Score à battre : 481 points

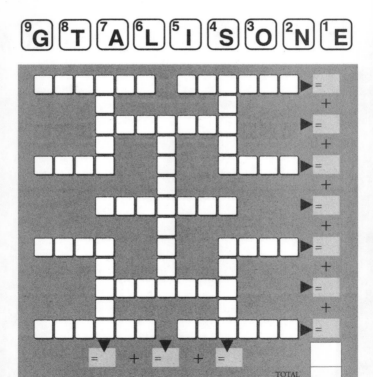

Complétez cette grille en utilisant une ou plusieurs fois toutes les lettres du tirage, les noms propres, les verbes conjugués et les participes passés n'étant pas autorisés. Faites le total de vos points obtenus horizontalement et verticalement avec les mots formés.

N° 88 Score à battre : 622 points

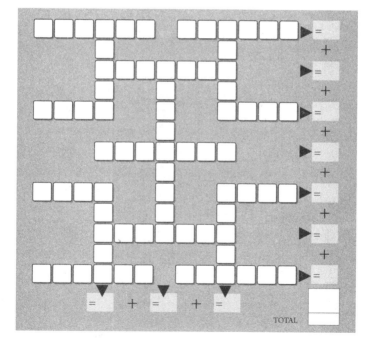

Complétez cette grille en utilisant une ou plusieurs fois toutes les lettres du tirage, les noms propres, les verbes conjugués et les participes passés n'étant pas autorisés. Faites le total de vos points obtenus horizontalement et verticalement avec les mots formés.

N° 89   Score à battre : 498 points

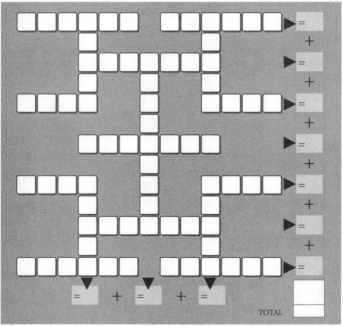

Complétez cette grille en utilisant une ou plusieurs fois toutes les lettres du tirage, les noms propres, les verbes conjugués et les participes passés n'étant pas autorisés. Faites le total de vos points obtenus horizontalement et verticalement avec les mots formés.

N° 90 Score à battre : 474 points

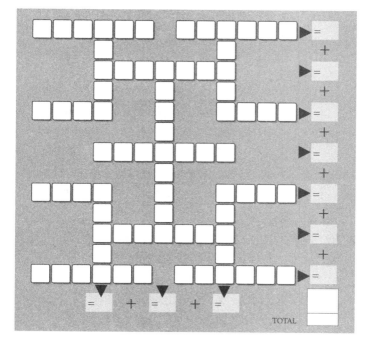

Complétez cette grille en utilisant une ou plusieurs fois toutes les lettres
du tirage, les noms propres, les verbes conjugués et les participes passés
n'étant pas autorisés. Faites le total de vos points obtenus horizontalement
et verticalement avec les mots formés.

N° 91   Score à battre : 462 points

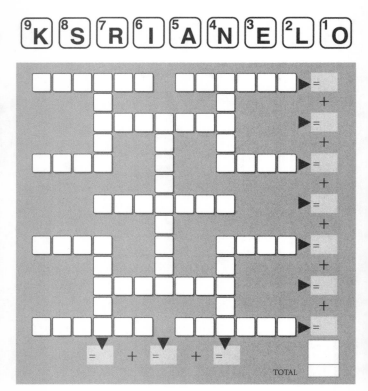

Complétez cette grille en utilisant une ou plusieurs fois toutes les lettres du tirage, les noms propres, les verbes conjugués et les participes passés n'étant pas autorisés. Faites le total de vos points obtenus horizontalement et verticalement avec les mots formés.

N° 92 **Score à battre : 533 points**

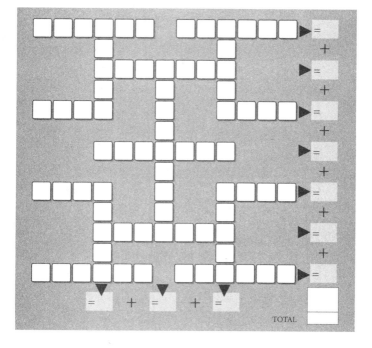

Complétez cette grille en utilisant une ou plusieurs fois toutes les lettres du tirage, les noms propres, les verbes conjugués et les participes passés n'étant pas autorisés. Faites le total de vos points obtenus horizontalement et verticalement avec les mots formés.

N° 93   Score à battre : 436 points

Complétez cette grille en utilisant une ou plusieurs fois toutes les lettres
du tirage, les noms propres, les verbes conjugués et les participes passés
n'étant pas autorisés. Faites le total de vos points obtenus horizontalement
et verticalement avec les mots formés.

N° 94   Score à battre : 537 points

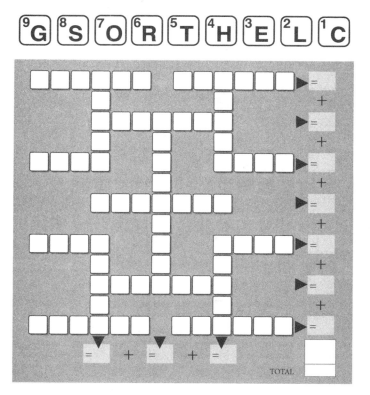

Complétez cette grille en utilisant une ou plusieurs fois toutes les lettres du tirage, les noms propres, les verbes conjugués et les participes passés n'étant pas autorisés. Faites le total de vos points obtenus horizontalement et verticalement avec les mots formés.

N° 95   **Score à battre : 479 points**

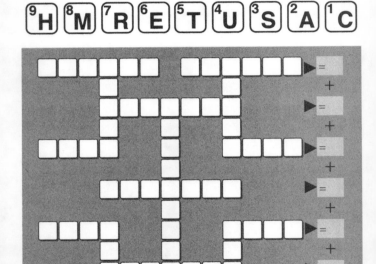

Complétez cette grille en utilisant une ou plusieurs fois toutes les lettres du tirage, les noms propres, les verbes conjugués et les participes passés n'étant pas autorisés. Faites le total de vos points obtenus horizontalement et verticalement avec les mots formés.

N° 96   Score à battre : 512 points

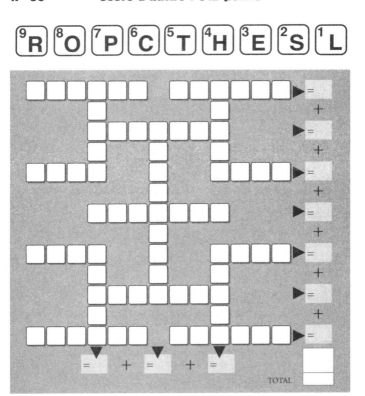

Complétez cette grille en utilisant une ou plusieurs fois toutes les lettres du tirage, les noms propres, les verbes conjugués et les participes passés n'étant pas autorisés. Faites le total de vos points obtenus horizontalement et verticalement avec les mots formés.

N° 97   Score à battre : 594 points

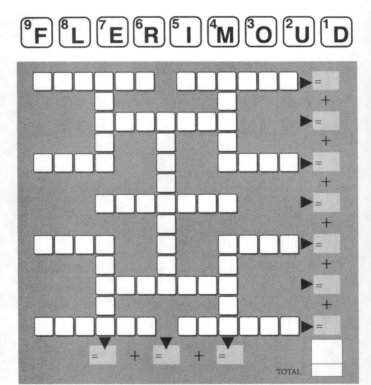

Complétez cette grille en utilisant une ou plusieurs fois toutes les lettres du tirage, les noms propres, les verbes conjugués et les participes passés n'étant pas autorisés. Faites le total de vos points obtenus horizontalement et verticalement avec les mots formés.

N° 98 **Score à battre : 464 points**

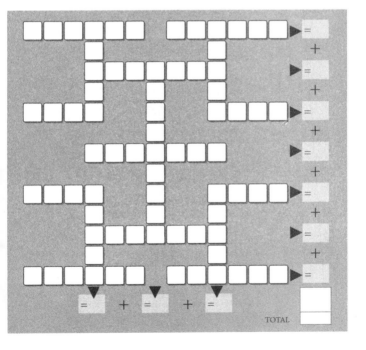

Complétez cette grille en utilisant une ou plusieurs fois toutes les lettres
du tirage, les noms propres, les verbes conjugués et les participes passés
n'étant pas autorisés. Faites le total de vos points obtenus horizontalement
et verticalement avec les mots formés.

N° 99   Score à battre : 512 points

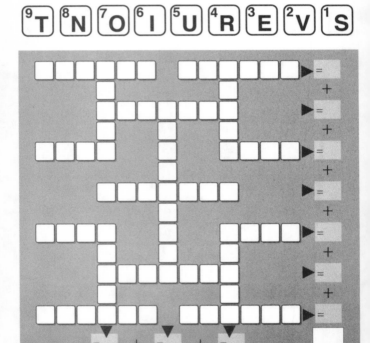

Complétez cette grille en utilisant une ou plusieurs fois toutes les lettres du tirage, les noms propres, les verbes conjugués et les participes passés n'étant pas autorisés. Faites le total de vos points obtenus horizontalement et verticalement avec les mots formés.

N° 100   Score à battre : 518 points

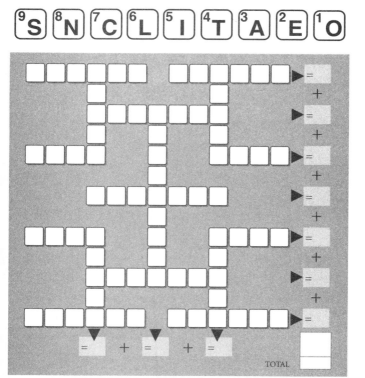

Complétez cette grille en utilisant une ou plusieurs fois toutes les lettres du tirage, les noms propres, les verbes conjugués et les participes passés n'étant pas autorisés. Faites le total de vos points obtenus horizontalement et verticalement avec les mots formés.

N° 101   Score à battre : 496 points

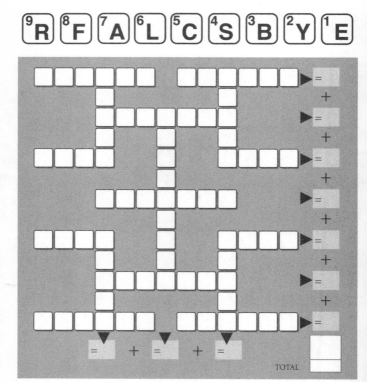

Complétez cette grille en utilisant une ou plusieurs fois toutes les lettres du tirage, les noms propres, les verbes conjugués et les participes passés n'étant pas autorisés. Faites le total de vos points obtenus horizontalement et verticalement avec les mots formés.

N° 102   Score à battre : 444 points

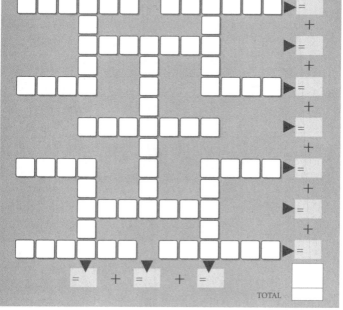

Complétez cette grille en utilisant une ou plusieurs fois toutes les lettres du tirage, les noms propres, les verbes conjugués et les participes passés n'étant pas autorisés. Faites le total de vos points obtenus horizontalement et verticalement avec les mots formés.

N° 103   Score à battre : 561 points

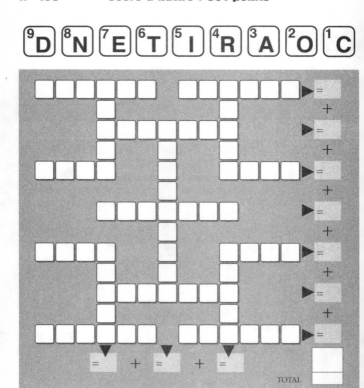

Complétez cette grille en utilisant une ou plusieurs fois toutes les lettres du tirage, les noms propres, les verbes conjugués et les participes passés n'étant pas autorisés. Faites le total de vos points obtenus horizontalement et verticalement avec les mots formés.

N° 104 Score à battre : 635 points

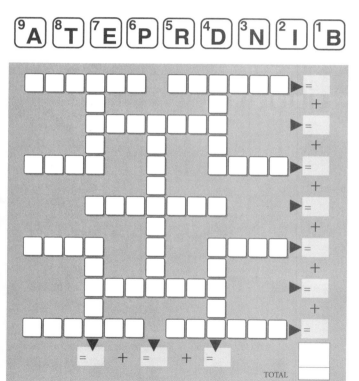

Complétez cette grille en utilisant une ou plusieurs fois toutes les lettres du tirage, les noms propres, les verbes conjugués et les participes passés n'étant pas autorisés. Faites le total de vos points obtenus horizontalement et verticalement avec les mots formés.

N° 105   Score à battre : 525 points

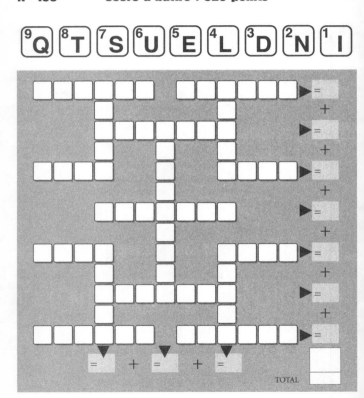

Complétez cette grille en utilisant une ou plusieurs fois toutes les lettres du tirage, les noms propres, les verbes conjugués et les participes passés n'étant pas autorisés. Faites le total de vos points obtenus horizontalement et verticalement avec les mots formés.

N° 106   Score à battre : 550 points

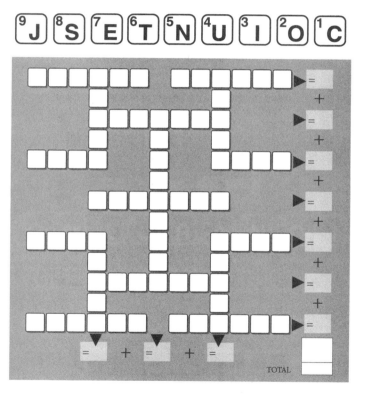

Complétez cette grille en utilisant une ou plusieurs fois toutes les lettres du tirage, les noms propres, les verbes conjugués et les participes passés n'étant pas autorisés. Faites le total de vos points obtenus horizontalement et verticalement avec les mots formés.

N° 107   Score à battre : 454 points

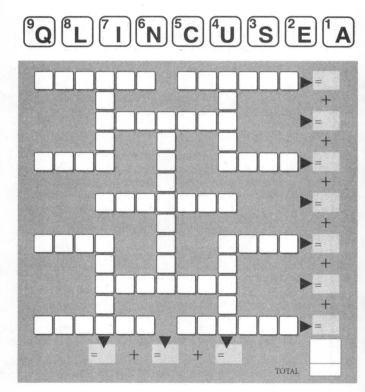

Complétez cette grille en utilisant une ou plusieurs fois toutes les lettres du tirage, les noms propres, les verbes conjugués et les participes passés n'étant pas autorisés. Faites le total de vos points obtenus horizontalement et verticalement avec les mots formés.

N° 108 Score à battre : 524 points

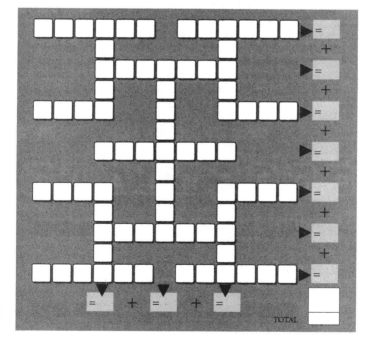

Complétez cette grille en utilisant une ou plusieurs fois toutes les lettres du tirage, les noms propres, les verbes conjugués et les participes passés n'étant pas autorisés. Faites le total de vos points obtenus horizontalement et verticalement avec les mots formés.

N° 109   Score à battre : 544 points

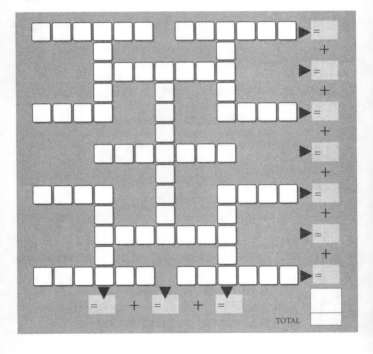

Complétez cette grille en utilisant une ou plusieurs fois toutes les lettres du tirage, les noms propres, les verbes conjugués et les participes passés n'étant pas autorisés. Faites le total de vos points obtenus horizontalement et verticalement avec les mots formés.

N° 110   Score à battre : 606 points

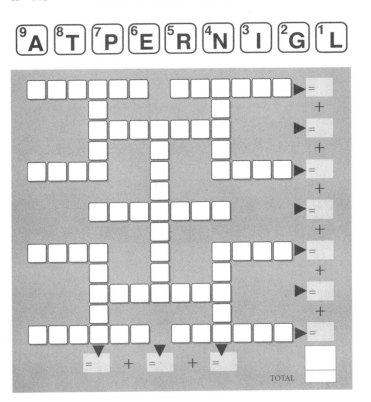

Complétez cette grille en utilisant une ou plusieurs fois toutes les lettres du tirage, les noms propres, les verbes conjugués et les participes passés n'étant pas autorisés. Faites le total de vos points obtenus horizontalement et verticalement avec les mots formés.

N° 111   Score à battre : 598 points

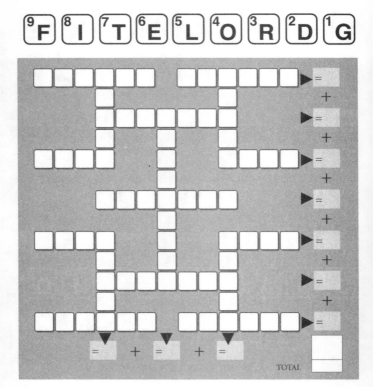

Complétez cette grille en utilisant une ou plusieurs fois toutes les lettres du tirage, les noms propres, les verbes conjugués et les participes passés n'étant pas autorisés. Faites le total de vos points obtenus horizontalement et verticalement avec les mots formés.

N° 112   Score à battre : 610 points

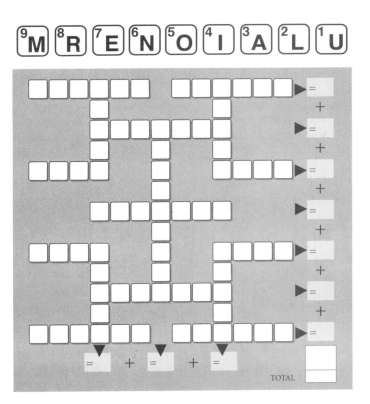

Complétez cette grille en utilisant une ou plusieurs fois toutes les lettres du tirage, les noms propres, les verbes conjugués et les participes passés n'étant pas autorisés. Faites le total de vos points obtenus horizontalement et verticalement avec les mots formés.

N° 113   Score à battre : 519 points

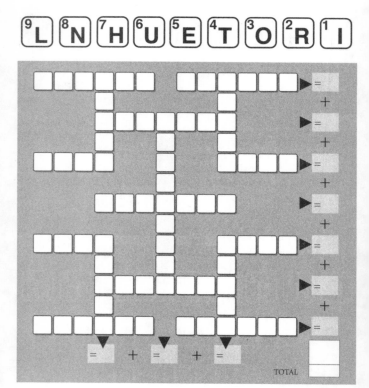

Complétez cette grille en utilisant une ou plusieurs fois toutes les lettres du tirage, les noms propres, les verbes conjugués et les participes passés n'étant pas autorisés. Faites le total de vos points obtenus horizontalement et verticalement avec les mots formés.

N° 114   Score à battre : 554 points

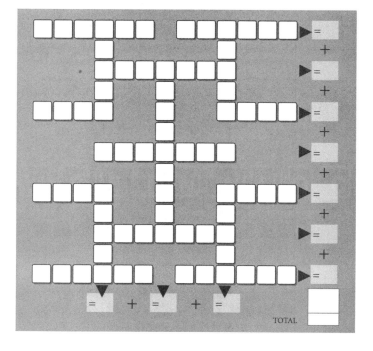

Complétez cette grille en utilisant une ou plusieurs fois toutes les lettres du tirage, les noms propres, les verbes conjugués et les participes passés n'étant pas autorisés. Faites le total de vos points obtenus horizontalement et verticalement avec les mots formés.

N° 115   Score à battre : 581 points

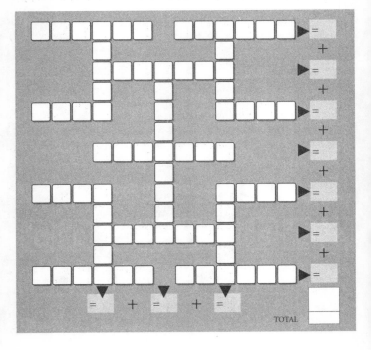

TOTAL

Complétez cette grille en utilisant une ou plusieurs fois toutes les lettres du tirage, les noms propres, les verbes conjugués et les participes passés n'étant pas autorisés. Faites le total de vos points obtenus horizontalement et verticalement avec les mots formés.

N° 116 Score à battre : 615 points

Complétez cette grille en utilisant une ou plusieurs fois toutes les lettres du tirage, les noms propres, les verbes conjugués et les participes passés n'étant pas autorisés. Faites le total de vos points obtenus horizontalement et verticalement avec les mots formés.

N° 117   Score à battre : 545 points

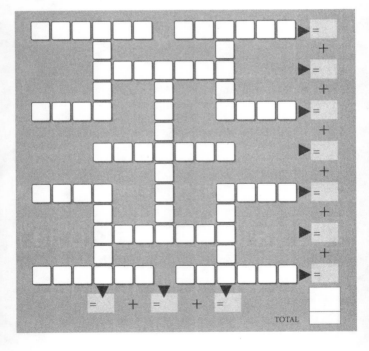

Complétez cette grille en utilisant une ou plusieurs fois toutes les lettres du tirage, les noms propres, les verbes conjugués et les participes passés n'étant pas autorisés. Faites le total de vos points obtenus horizontalement et verticalement avec les mots formés.

N° 118 Score à battre : 559 points

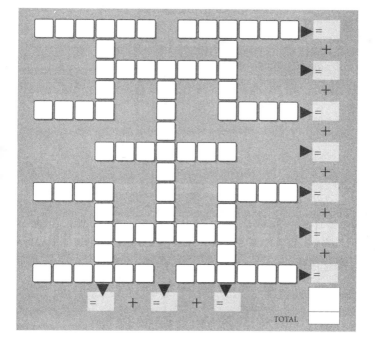

Complétez cette grille en utilisant une ou plusieurs fois toutes les lettres du tirage, les noms propres, les verbes conjugués et les participes passés n'étant pas autorisés. Faites le total de vos points obtenus horizontalement et verticalement avec les mots formés.

N° 119   Score à battre : 573 points

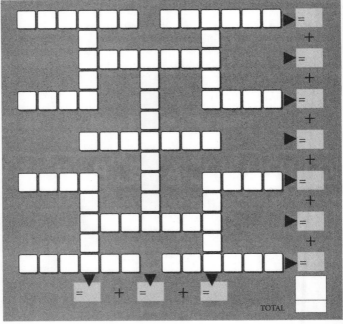

Complétez cette grille en utilisant une ou plusieurs fois toutes les lettres du tirage, les noms propres, les verbes conjugués et les participes passés n'étant pas autorisés. Faites le total de vos points obtenus horizontalement et verticalement avec les mots formés.

N° 120   Score à battre : 561 points

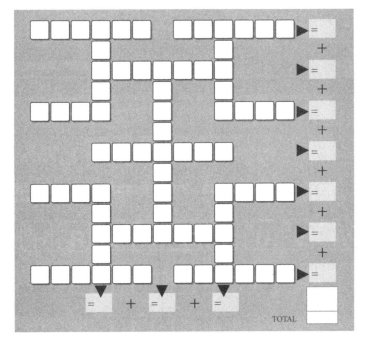

Complétez cette grille en utilisant une ou plusieurs fois toutes les lettres du tirage, les noms propres, les verbes conjugués et les participes passés n'étant pas autorisés. Faites le total de vos points obtenus horizontalement et verticalement avec les mots formés.

N° 121   Score à battre : 457 points

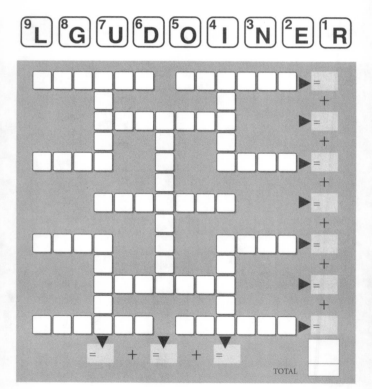

Complétez cette grille en utilisant une ou plusieurs fois toutes les lettres du tirage, les noms propres, les verbes conjugués et les participes passés n'étant pas autorisés. Faites le total de vos points obtenus horizontalement et verticalement avec les mots formés.

N° 122   Score à battre : 638 points

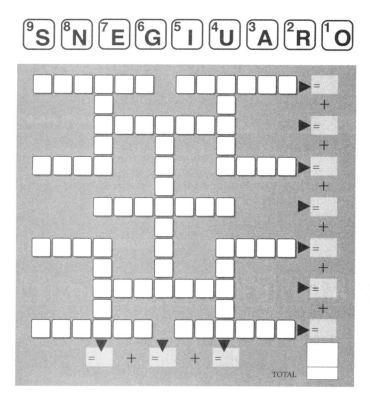

Complétez cette grille en utilisant une ou plusieurs fois toutes les lettres du tirage, les noms propres, les verbes conjugués et les participes passés n'étant pas autorisés. Faites le total de vos points obtenus horizontalement et verticalement avec les mots formés.

N° 123   Score à battre : 428 points

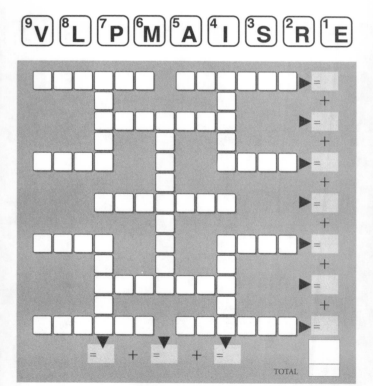

Complétez cette grille en utilisant une ou plusieurs fois toutes les lettres du tirage, les noms propres, les verbes conjugués et les participes passés n'étant pas autorisés. Faites le total de vos points obtenus horizontalement et verticalement avec les mots formés.

N° 124 Score à battre : 555 points

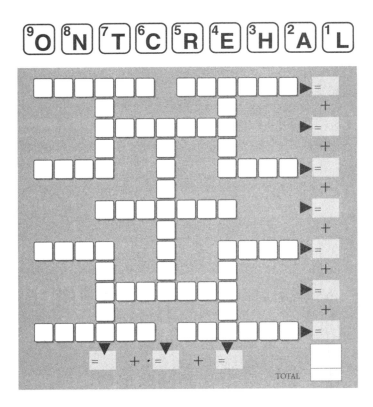

Complétez cette grille en utilisant une ou plusieurs fois toutes les lettres
du tirage, les noms propres, les verbes conjugués et les participes passés
n'étant pas autorisés. Faites le total de vos points obtenus horizontalement
et verticalement avec les mots formés.

N° 125   Score à battre : 506 points

Complétez cette grille en utilisant une ou plusieurs fois toutes les lettres du tirage, les noms propres, les verbes conjugués et les participes passés n'étant pas autorisés. Faites le total de vos points obtenus horizontalement et verticalement avec les mots formés.

N° 126 **Score à battre : 503 points**

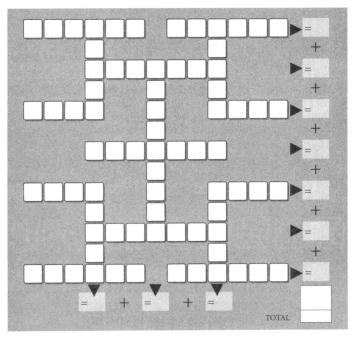

Complétez cette grille en utilisant une ou plusieurs fois toutes les lettres du tirage, les noms propres, les verbes conjugués et les participes passés n'étant pas autorisés. Faites le total de vos points obtenus horizontalement et verticalement avec les mots formés.

N° 127   Score à battre : 664 points

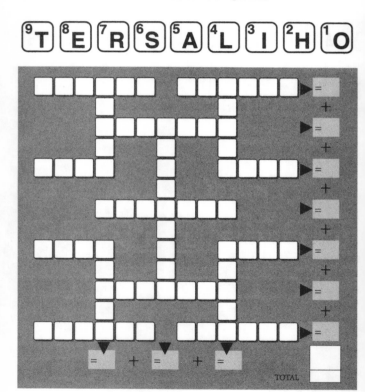

Complétez cette grille en utilisant une ou plusieurs fois toutes les lettres du tirage, les noms propres, les verbes conjugués et les participes passés n'étant pas autorisés. Faites le total de vos points obtenus horizontalement et verticalement avec les mots formés.

N° 128   **Score à battre : 493 points**

Complétez cette grille en utilisant une ou plusieurs fois toutes les lettres du tirage, les noms propres, les verbes conjugués et les participes passés n'étant pas autorisés. Faites le total de vos points obtenus horizontalement et verticalement avec les mots formés.

N° 129   Score à battre : 612 points

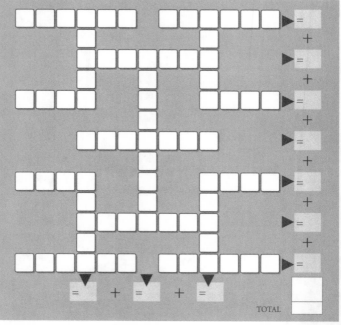

Complétez cette grille en utilisant une ou plusieurs fois toutes les lettres du tirage, les noms propres, les verbes conjugués et les participes passés n'étant pas autorisés. Faites le total de vos points obtenus horizontalement et verticalement avec les mots formés.

N° 130   Score à battre : 525 points

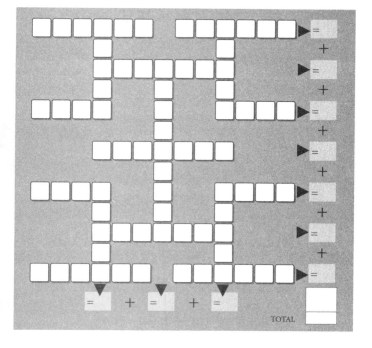

Complétez cette grille en utilisant une ou plusieurs fois toutes les lettres du tirage, les noms propres, les verbes conjugués et les participes passés n'étant pas autorisés. Faites le total de vos points obtenus horizontalement et verticalement avec les mots formés.

N° 131   Score à battre : 609 points

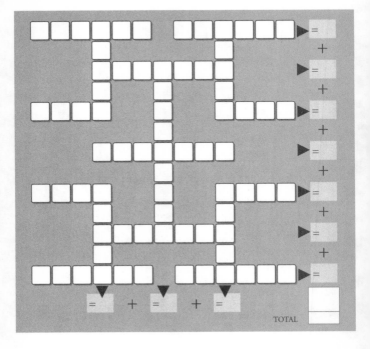

Complétez cette grille en utilisant une ou plusieurs fois toutes les lettres du tirage, les noms propres, les verbes conjugués et les participes passés n'étant pas autorisés. Faites le total de vos points obtenus horizontalement et verticalement avec les mots formés.

N° 132   Score à battre : 560 points

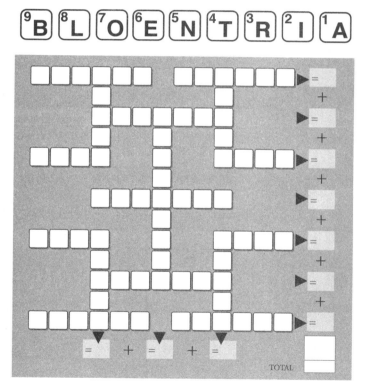

Complétez cette grille en utilisant une ou plusieurs fois toutes les lettres du tirage, les noms propres, les verbes conjugués et les participes passés n'étant pas autorisés. Faites le total de vos points obtenus horizontalement et verticalement avec les mots formés.

N° 133   Score à battre : 529 points

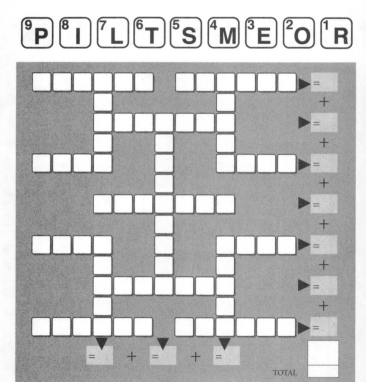

Complétez cette grille en utilisant une ou plusieurs fois toutes les lettres du tirage, les noms propres, les verbes conjugués et les participes passés n'étant pas autorisés. Faites le total de vos points obtenus horizontalement et verticalement avec les mots formés.

N° 134   Score à battre : 484 points

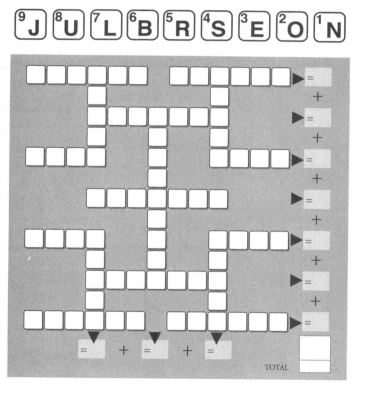

Complétez cette grille en utilisant une ou plusieurs fois toutes les lettres du tirage, les noms propres, les verbes conjugués et les participes passés n'étant pas autorisés. Faites le total de vos points obtenus horizontalement et verticalement avec les mots formés.

N° 135   Score à battre : 550 points

Complétez cette grille en utilisant une ou plusieurs fois toutes les lettres du tirage, les noms propres, les verbes conjugués et les participes passés n'étant pas autorisés. Faites le total de vos points obtenus horizontalement et verticalement avec les mots formés.

N° 136   Score à battre : 512 points

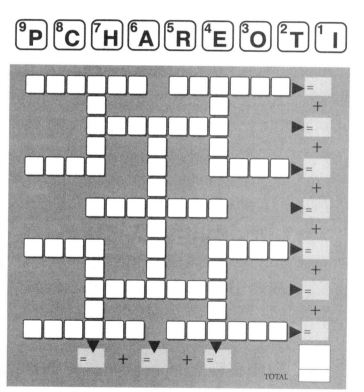

Complétez cette grille en utilisant une ou plusieurs fois toutes les lettres du tirage, les noms propres, les verbes conjugués et les participes passés n'étant pas autorisés. Faites le total de vos points obtenus horizontalement et verticalement avec les mots formés.

N° 137   Score à battre : 505 points

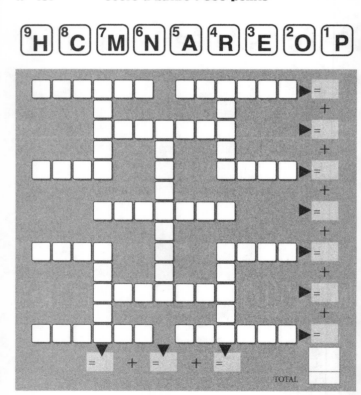

Complétez cette grille en utilisant une ou plusieurs fois toutes les lettres du tirage, les noms propres, les verbes conjugués et les participes passés n'étant pas autorisés. Faites le total de vos points obtenus horizontalement et verticalement avec les mots formés.

N° 138 Score à battre : 627 points

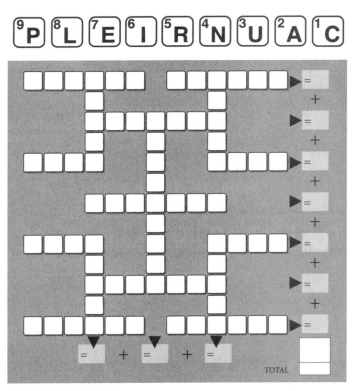

Complétez cette grille en utilisant une ou plusieurs fois toutes les lettres du tirage, les noms propres, les verbes conjugués et les participes passés n'étant pas autorisés. Faites le total de vos points obtenus horizontalement et verticalement avec les mots formés.

N° 139   Score à battre : 498 points

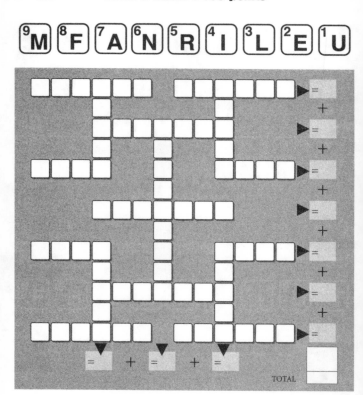

Complétez cette grille en utilisant une ou plusieurs fois toutes les lettres du tirage, les noms propres, les verbes conjugués et les participes passés n'étant pas autorisés. Faites le total de vos points obtenus horizontalement et verticalement avec les mots formés.

N° 140 Score à battre : 474 points

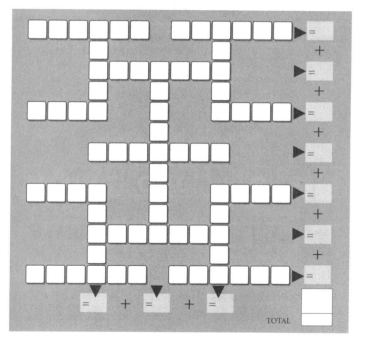

Complétez cette grille en utilisant une ou plusieurs fois toutes les lettres du tirage, les noms propres, les verbes conjugués et les participes passés n'étant pas autorisés. Faites le total de vos points obtenus horizontalement et verticalement avec les mots formés.

N° 141   Score à battre : 548 points

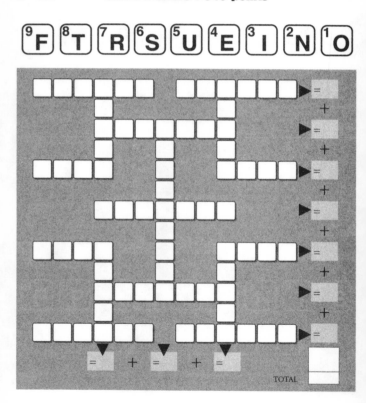

Complétez cette grille en utilisant une ou plusieurs fois toutes les lettres du tirage, les noms propres, les verbes conjugués et les participes passés n'étant pas autorisés. Faites le total de vos points obtenus horizontalement et verticalement avec les mots formés.

N° 142   Score à battre : 504 points

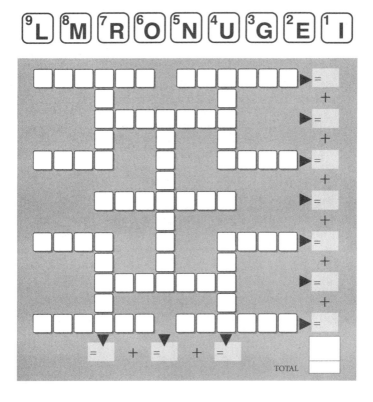

Complétez cette grille en utilisant une ou plusieurs fois toutes les lettres du tirage, les noms propres, les verbes conjugués et les participes passés n'étant pas autorisés. Faites le total de vos points obtenus horizontalement et verticalement avec les mots formés.

N° 143   Score à battre : 556 points

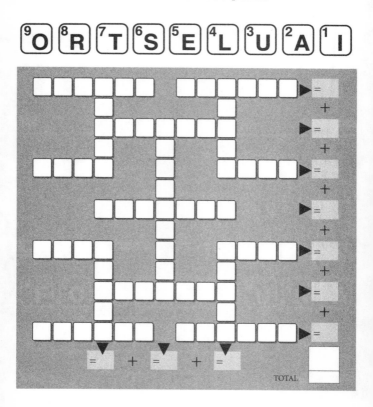

Complétez cette grille en utilisant une ou plusieurs fois toutes les lettres du tirage, les noms propres, les verbes conjugués et les participes passés n'étant pas autorisés. Faites le total de vos points obtenus horizontalement et verticalement avec les mots formés.

N° 144 **Score à battre : 578 points**

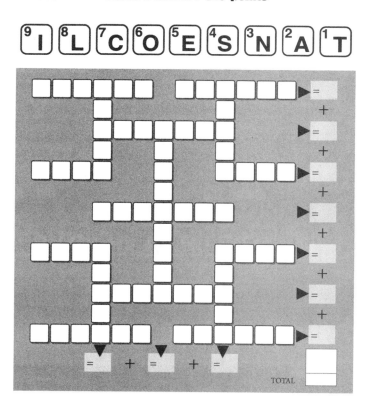

Complétez cette grille en utilisant une ou plusieurs fois toutes les lettres du tirage, les noms propres, les verbes conjugués et les participes passés n'étant pas autorisés. Faites le total de vos points obtenus horizontalement et verticalement avec les mots formés.

N° 145   Score à battre : 547 points

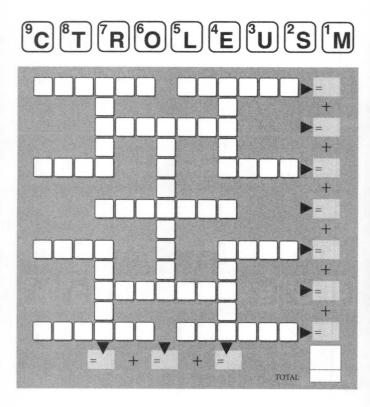

Complétez cette grille en utilisant une ou plusieurs fois toutes les lettres du tirage, les noms propres, les verbes conjugués et les participes passés n'étant pas autorisés. Faites le total de vos points obtenus horizontalement et verticalement avec les mots formés.

N° 146   Score à battre : 492 points

Complétez cette grille en utilisant une ou plusieurs fois toutes les lettres du tirage, les noms propres, les verbes conjugués et les participes passés n'étant pas autorisés. Faites le total de vos points obtenus horizontalement et verticalement avec les mots formés.

N° 147   Score à battre : 578 points

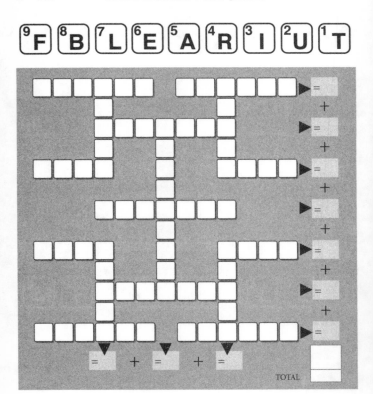

Complétez cette grille en utilisant une ou plusieurs fois toutes les lettres du tirage, les noms propres, les verbes conjugués et les participes passés n'étant pas autorisés. Faites le total de vos points obtenus horizontalement et verticalement avec les mots formés.

N° 148 Score à battre : 556 points

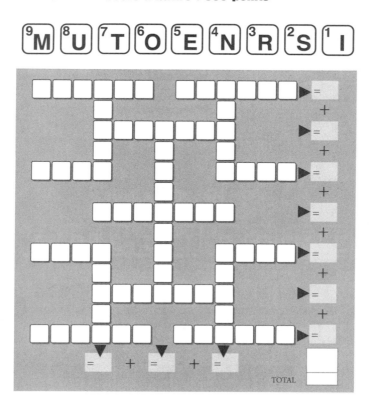

Complétez cette grille en utilisant une ou plusieurs fois toutes les lettres du tirage, les noms propres, les verbes conjugués et les participes passés n'étant pas autorisés. Faites le total de vos points obtenus horizontalement et verticalement avec les mots formés.

N° 149   Score à battre : 581 points

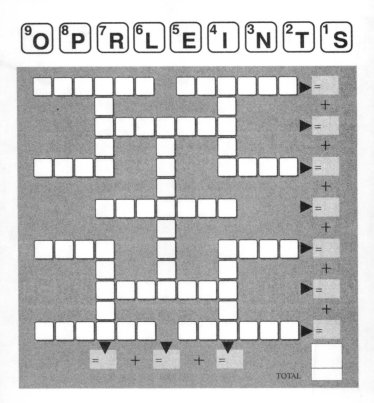

Complétez cette grille en utilisant une ou plusieurs fois toutes les lettres du tirage, les noms propres, les verbes conjugués et les participes passés n'étant pas autorisés. Faites le total de vos points obtenus horizontalement et verticalement avec les mots formés.

N° 150   **Score à battre : 542 points**

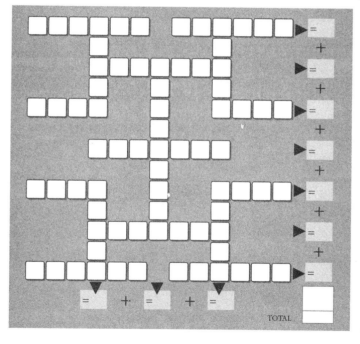

Complétez cette grille en utilisant une ou plusieurs fois toutes les lettres du tirage, les noms propres, les verbes conjugués et les participes passés n'étant pas autorisés. Faites le total de vos points obtenus horizontalement et verticalement avec les mots formés.

N° 151   **Score à battre : 495 points**

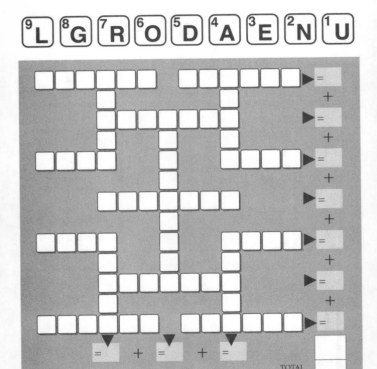

Complétez cette grille en utilisant une ou plusieurs fois toutes les lettres du tirage, les noms propres, les verbes conjugués et les participes passés n'étant pas autorisés. Faites le total de vos points obtenus horizontalement et verticalement avec les mots formés.

N° 152   Score à battre : 510 points

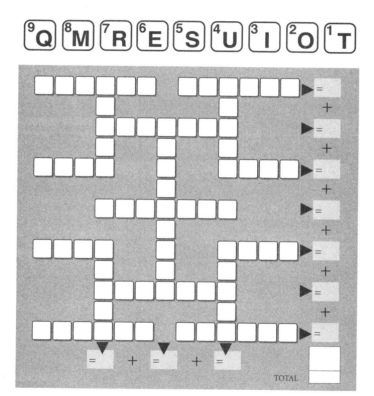

Complétez cette grille en utilisant une ou plusieurs fois toutes les lettres du tirage, les noms propres, les verbes conjugués et les participes passés n'étant pas autorisés. Faites le total de vos points obtenus horizontalement et verticalement avec les mots formés.

N° 153   Score à battre : 639 points

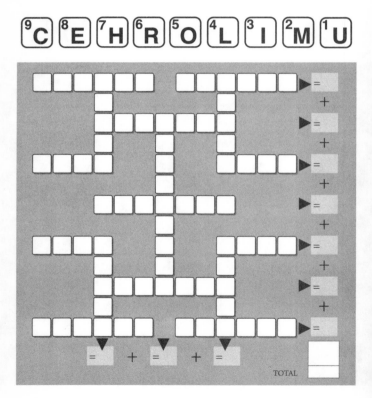

Complétez cette grille en utilisant une ou plusieurs fois toutes les lettres du tirage, les noms propres, les verbes conjugués et les participes passés n'étant pas autorisés. Faites le total de vos points obtenus horizontalement et verticalement avec les mots formés.

N° 154   Score à battre : 551 points

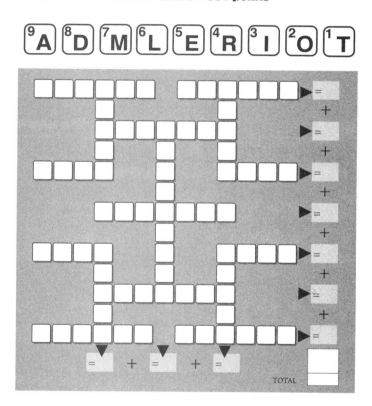

Complétez cette grille en utilisant une ou plusieurs fois toutes les lettres du tirage, les noms propres, les verbes conjugués et les participes passés n'étant pas autorisés. Faites le total de vos points obtenus horizontalement et verticalement avec les mots formés.

N° 155   **Score à battre : 619 points**

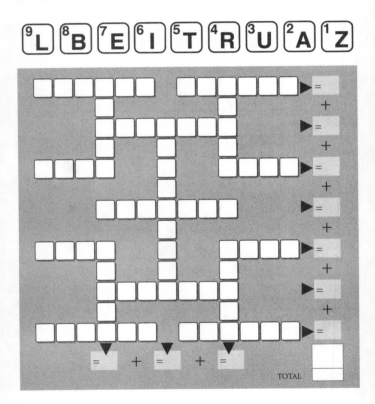

Complétez cette grille en utilisant une ou plusieurs fois toutes les lettres du tirage, les noms propres, les verbes conjugués et les participes passés n'étant pas autorisés. Faites le total de vos points obtenus horizontalement et verticalement avec les mots formés.

N° 156   Score à battre : 525 points

Complétez cette grille en utilisant une ou plusieurs fois toutes les lettres du tirage, les noms propres, les verbes conjugués et les participes passés n'étant pas autorisés. Faites le total de vos points obtenus horizontalement et verticalement avec les mots formés.

N° 157   Score à battre : 489 points

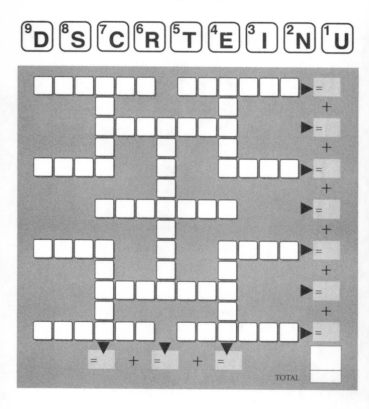

N° 81

N° 82

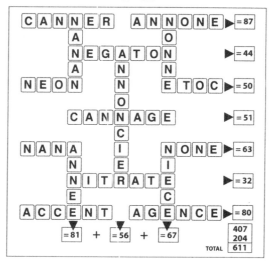

N° 83

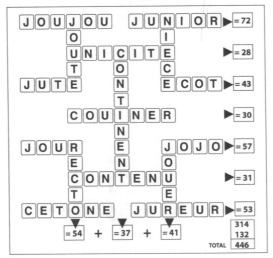

N° 84

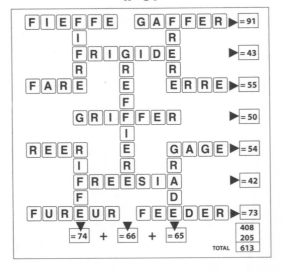

N° 85

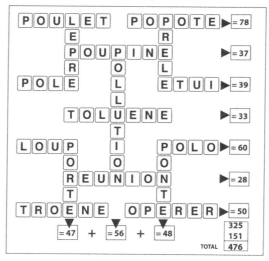

N° 86

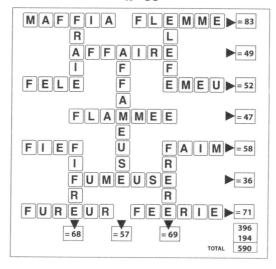

N° 87

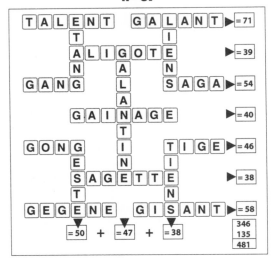

TALENT	GALANT	= 71
ALIGOTE	= 39
GANG	SAGA	= 54
GAINAGE	= 40
GONG	TIGE	= 46
SAGETTE	= 38
GEGENE	GISANT	= 58

= 50 + = 47 + = 38

346
135
481

N° 88

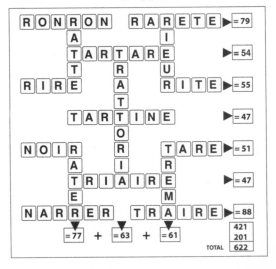

RONRON	RARETE	= 79
TARTARE	= 54
RIRE	RITE	= 55
TARTINE	= 47
NOIR	TARE	= 51
TRIAIRE	= 47
NARRER	TRAIRE	= 88

= 77 + = 63 + = 61

421
201
TOTAL 622

N° 89

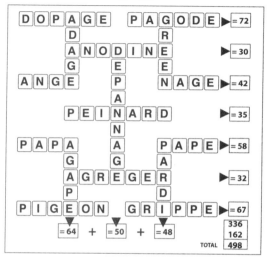

N° 90

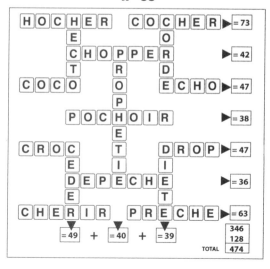

N° 91

KRAKEN RIKIKI ▶ = 80
= 24
KANA LOOK ▶ = 36
LAINIER ▶ = 33
KRAK SKAI ▶ = 58
ASSENER ▶ = 38
KAOLIN ASELLE ▶ = 50

= 47 + = 42 + = 54

319
143
TOTAL 462

N° 92

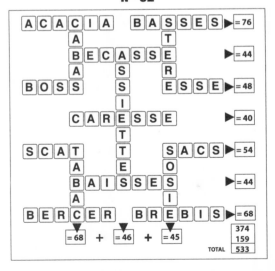

ACACIA BASSES ▶ = 76
BECASSE ▶ = 44
BOSS ESSE ▶ = 48
CARESSE ▶ = 40
SCAT SACS ▶ = 54
BAISSES ▶ = 44
BERCER BREBIS ▶ = 68

= 68 + = 46 + = 45

374
159
TOTAL 533

N° 93

N° 94

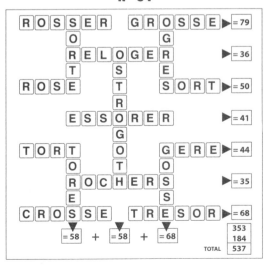

N° 95

```
C U R A R E    A S H R A M ▶ = 58
    T              A
    H U M E R U S  S         ▶ = 41
    E        C     C
H E R E      R     H U E R   ▶ = 54
             E
    C H A M E A U             ▶ = 32
             E
M A R C      U      A R M E  ▶ = 41
    H        S      E
    A R R E T E R            ▶ = 40
    R               E
A M U S E R    A R R H E S  ▶ = 64
    = 50  +  = 47  +  = 52
                          330
                          149
                   TOTAL  479
```

N° 96

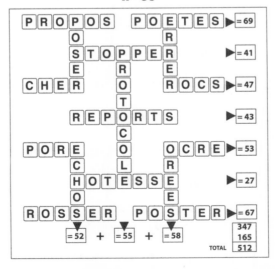

```
P R O P O S    P O E T E S ▶ = 69
    O              R
    S T O P P E R  E        ▶ = 41
    E        R     E
C H E R      O     R O C S  ▶ = 47
             T
    R E P O R T S            ▶ = 43
             C
P O R E      O      O C R E ▶ = 53
    C        L      R
    H O T E S S E            ▶ = 27
    O               E
R O S S E R    P O S T E R  ▶ = 67
    = 52  +  = 55  +  = 58
                          347
                          165
                   TOTAL  512
```

N° 97

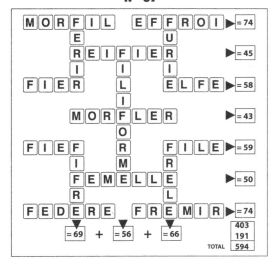

```
M O R F I L    E F F R O I ►= 74
    E              U
    R E I F I E R      ►= 45
    I        I        I
F I E R    L      E L F E ►= 58
          I
    M O R F L E R      ►= 43
          O
F I E F    R      F I L E ►= 59
    I      M      R
    F E M E L L E      ►= 50
    R              L
F E D E R E    F R E M I R ►= 74
  =69  +  =56  +  =66        403
                             191
                       TOTAL 594
```

N° 98

```
S I E S T E    I V E T T E ►= 57
    A              V
    N A I V E T E      ►= 32
    T        I        N
V I V E    S      T A G S ►= 48
          A
    T A N G A G E      ►= 38
          I
G A N G    S      A V E N ►= 46
    E      T      V
    S A G E S S E      ►= 39
    T              N
R E V E R S    G E T T E R ►= 51
  =52  +  =48  +  =53        311
                             153
                       TOTAL 464
```

N° 99

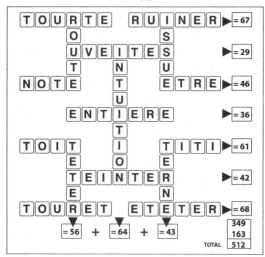

```
T O U R T E     R U I N E R  ►= 67
    O           S
    U V E I T E S        ►= 29
    T           U
N O T E         E T R E  ►= 46
                T
    E N T I E R E         ►= 36
                T
T O I T         T I T I  ►= 61
    E           E
    T E I N T E R          ►= 42
    E           N
T O U R E T   E T E T E R  ►= 68
  ▼       ▼   ▼              349
  = 56  + = 64 + = 43        163
                       TOTAL 512
```

N° 100

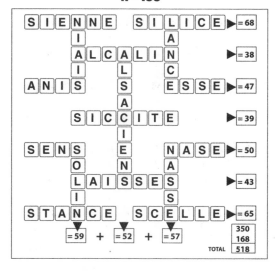

```
S I E N N E     S I L I C E  ►= 68
    I           A
    A L C A L I N        ►= 38
    I           L
A N I S         E S S E  ►= 47
    S           A
    S I C C I T E         ►= 39
                I
S E N S         N A S E  ►= 50
    O           A
    L A I S S E S          ►= 43
    I           S
S T A N C E   S C E L L E  ►= 65
  ▼       ▼   ▼              350
  = 59  + = 52 + = 57        168
                       TOTAL 518
```

N° 101

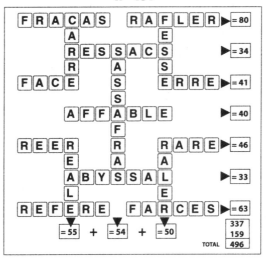

```
F R A C A S   R A F L E R ►= 80
    A           E
    R E S S A C S        ►= 34
    R           S
F A C E   S   E R R E    ►= 41
          S
    A F F A B L E        ►= 40
          F
R E E R   R   R A R E    ►= 46
E         A   A
    A B Y S S A L        ►= 33
    L         E
R E F E R E   F A R C E S ►= 63
    ▼=55 + ▼=54 + ▼=50    337
                          159
                   TOTAL  496
```

N° 102

```
A N O X I E   S O S I E S ►= 69
    E           A
    R A C C R O C        ►= 30
    E         O   R
A X E S   N   E S S E    ►= 44
          N
    A N N E X E S        ►= 32
          X
R I X E   I   S E X E    ►= 43
    X     O   E
    C A R N I E R        ►= 22
    E         I
R O S S E S   S O N N E R ►= 60
    ▼=55 + ▼=49 + ▼=40    300
                          144
                   TOTAL  444
```

N° 103

N° 104

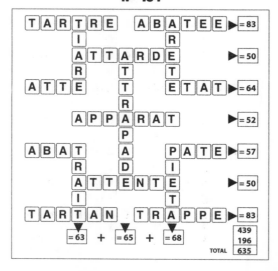

N° 105

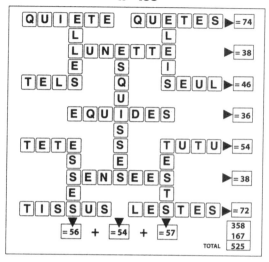

N° 106

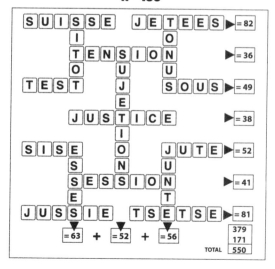

N° 107

```
N I E L L E   Q U I L L E  ► = 71
      A           S
      C L I Q U E S         ► = 38
      I       U   U
L A I S       I   E L L E   ► = 39
              N
      C A L Q U E S         ► = 32
              U
L I N S       I   Q U A I   ► = 45
      I       N   U
      C A N A Q U E         ► = 28
      L           U
C I S E L E   I C E L L E   ► = 59
```

= 49 + = 53 + = 40

312
142
TOTAL 454

N° 108

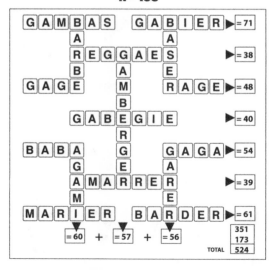

```
G A M B A S   G A B I E R  ► = 71
      A             A
      R E G G A E S         ► = 38
      B       A   E
G A G E       M   R A G E   ► = 48
      B       B
      G A B E G I E         ► = 40
              R
B A B A       G   G A G A   ► = 54
      G       E   A
      A M A R R E R         ► = 39
      M       E   E
M A R I E R   B A R D E R   ► = 61
```

= 60 + = 57 + = 56

351
173
TOTAL 524

N° 109

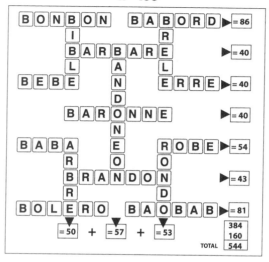

N° 110

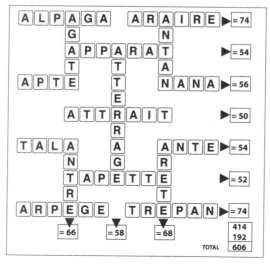

N° 111

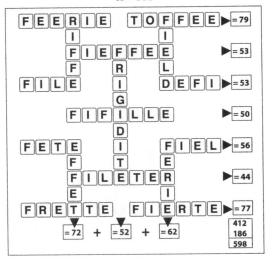

N° 112

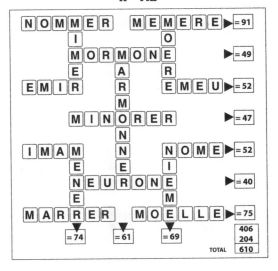

N° 113

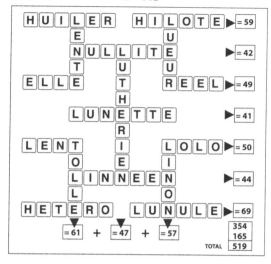

N° 114

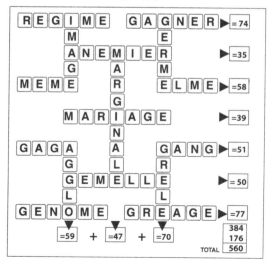

N° 115

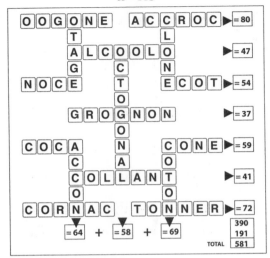

N° 116

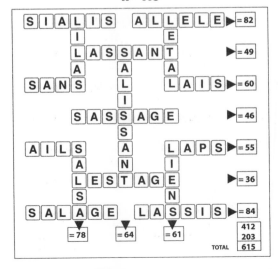

N° 117

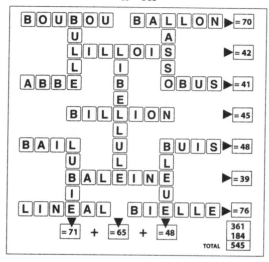

N° 118

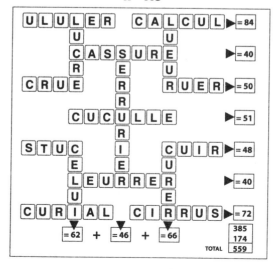

N° 119

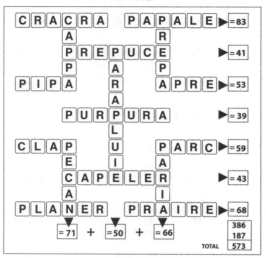

N° 120

N° 121

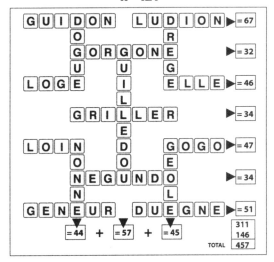

N° 122

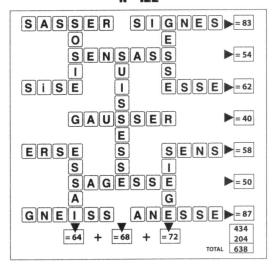

N° 123

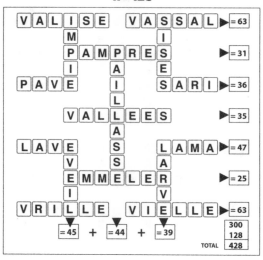

N° 124

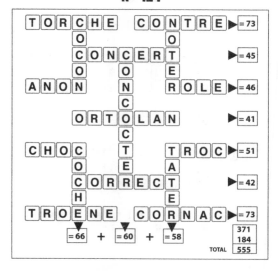

N° 125

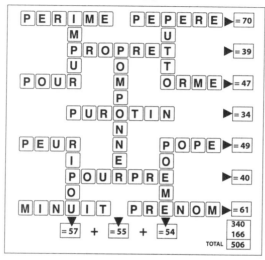

N° 126

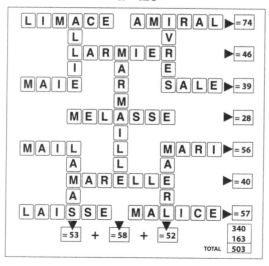

N° 127

N° 128

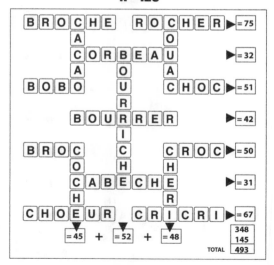

N° 129

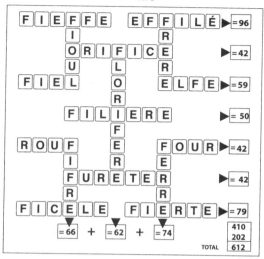

N° 130

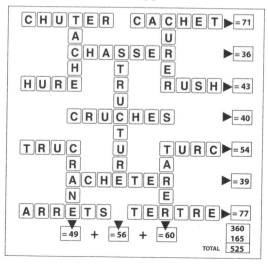

N° 131

N° 132

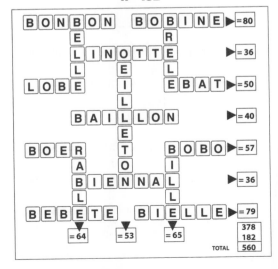

N° 133

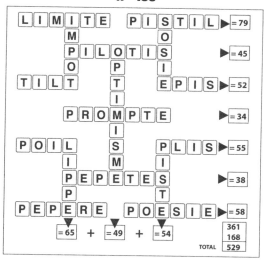

N° 134

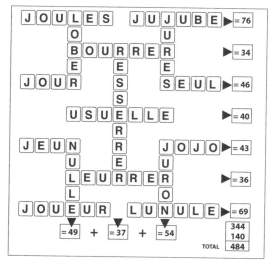

N° 135

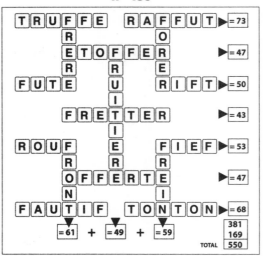

N° 136

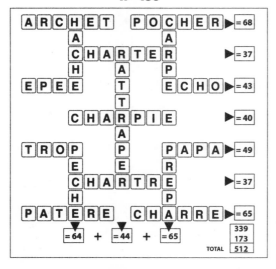

N° 137

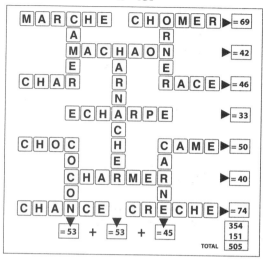

N° 138

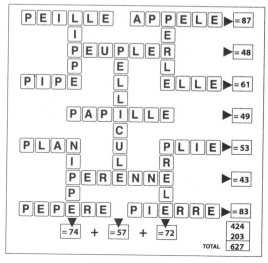

N° 139

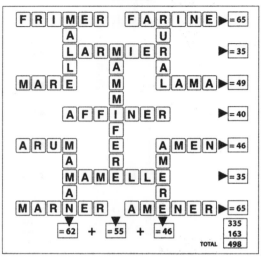

N° 140

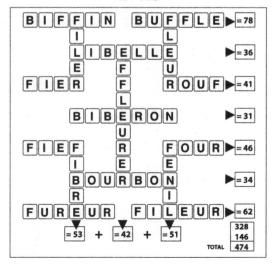

N° 141

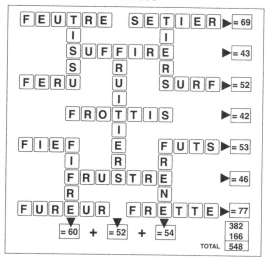

N° 142

N° 143

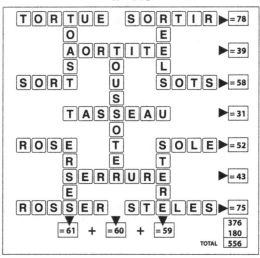

TORTUE   SORTIR ►= 78
= 39
AORTITE
SORT   SOTS ►= 58
TASSEAU ►= 31
ROSE   SOLE ►= 52
SERRURE ►= 43
ROSSER   STELES ►= 75

= 61 + = 60 + = 59

376
180
TOTAL 556

N° 144

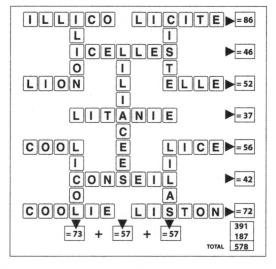

ILLICO   LICITE ►= 86
ICELLES ►= 46
LION   ELLE ►= 52
LITANIE ►= 37
COOL   LICE ►= 56
CONSEIL ►= 42
COOLIE   LISTON ►= 72

= 73 + = 57 + = 57

391
187
TOTAL 578

N° 145

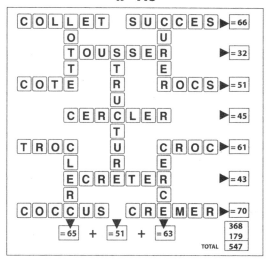

N° 146

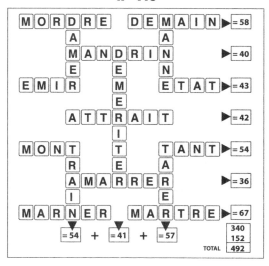

N° 147

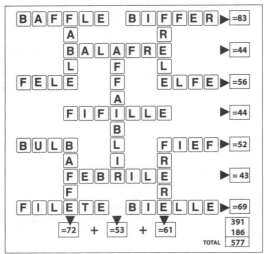

N° 148

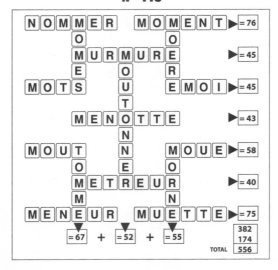

N° 149

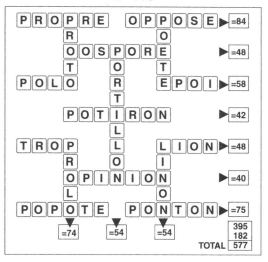

N° 150

N° 151

N° 152

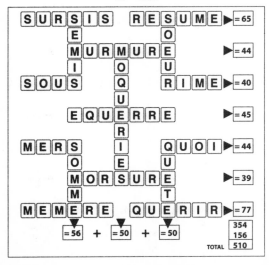

N° 153

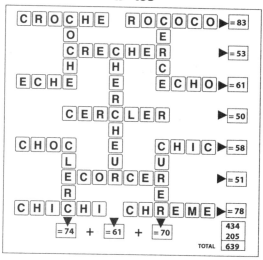

N° 154

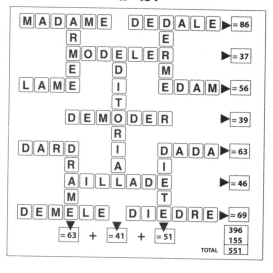

N° 155

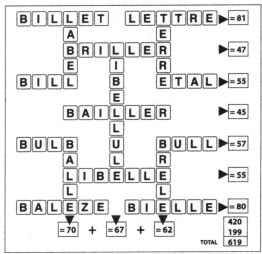

N° 156

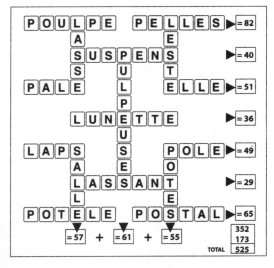

N° 157

```
C R E D I T   D E S U E T  ►= 65
    E           C
    C R I T E R E          ►= 35
    E       R   N
D R U S     I   E D I T    ►=45
            S
    S E C T E U R          ►= 35
            E
T R E S     S   D R E T    ►= 47
    E       S   I
    R E C E T T E          ►= 35
    R           T
D U R E T E   D E E S S E  ►= 66
    ▼         ▼   ▼
   = 60  +  = 51  +  = 50      328
                               161
                       TOTAL   489
```

Composition réalisée par Nord Compo

Achevé d'imprimer en juin 2007 en Espagne par
LIBERDUPLEX
Sant Llorenç d'Hortons (08791)
Dépôt légal 1ʳᵉ publication : juin 2007
Numéro d'éditeur : 87219
LIBRAIRIE GÉNÉRALE FRANÇAISE
31, rue de Fleurus - 75278 Paris Cedex 06

30/8417/5